T0361328

الإدارة بالحوافز
أساليب التحفيز الوظيفي الفعّال

الإدارة بالحوافز

أساليب التحفيز الوظيفي الفعّال

تأليف

دكتور/ مدحت محمد أبو النصر

أستاذ تنمية وتنظيم المجتمع بجامعة حلـوان

دكتوراه من جامعة Wales ببريطانيا

أستاذ زائر بجامعة .C.W.R بأمريكا

أستاذ معار بجامعة الإمارات العربية المتحدة (سابقا)

رئيس قسم العلوم الإنسانية بكلية شرطة دبي (سابقا)

الناشر

المجموعة العربية للتدريب والنشر

Arab group

2012

فهرسة أثناء النشر إعداد إدارة الشئون الفنية - دار الكتب المصرية
أبو النصر، مدحت محمد
الإدارة بالحوافز/ تأليف: مدحت أبو النصر
ط1- القاهرة: المجموعة العربية للتدريب والنشر
339 ص: 24x17سم.
الترقيم الدولي: 978-977-6298-41-5
1- الإدارة بالأهداف أ- العنوان
ديوي: 658,401 رقم الإيداع: 2011/10663

الطبعة الأولى
2012

Arab group

الناشر
المجموعة العربية للتدريب والنشر
8 أ شارع أحمد فخري - مدينة نصر - القاهرة - مصر
تليفاكس: 22759945 - 22739110 (00202)
الموقع الإلكتروني: www.arabgroup.net.eg
E-mail: info@arabgroup.net.eg
elarabgroup@yahoo.com

بِسْمِ اللهِ الرَّحْمَنِ الرَّحِيمِ

قَالَ تَعَالَى: ﴿ وَإِنَّكَ لَعَلَىٰ خُلُقٍ عَظِيمٍ ٤ ﴾

صدق الله العظيم

(القلم: 4)

قَالَ تَعَالَى: ﴿ وَقُلِ ٱعْمَلُوا۟ فَسَيَرَى ٱللَّهُ عَمَلَكُمْ وَرَسُولُهُۥ وَٱلْمُؤْمِنُونَ وَسَتُرَدُّونَ إِلَىٰ عَٰلِمِ ٱلْغَيْبِ وَٱلشَّهَٰدَةِ فَيُنَبِّئُكُم بِمَا كُنتُمْ تَعْمَلُونَ ١٠٥ ﴾

صدق الله العظيم

(التوبة: 105)

قَالَ تَعَالَى: ﴿ .... إِنَّ ٱللَّهَ لَا يُضِيعُ أَجْرَ ٱلْمُحْسِنِينَ ١٢٠ ﴾

صدق الله العظيم

(التوبة: 120)

قال رسول الله صلى الله عليه وسلم:

«أعط الأجير حقه قبل أن يجف عرقه»

صدق رسول الله صلى الله عليه وسلم

الاهداء

إلى أخي الاستاذ/ أسامة جمال
وإلى أخي الاستاذ/ إبراهيم عبد الناصر
بالمجموعة العربية للتدريب والنشر
أهدي لهما هذا الكتاب....
تعبيراً عن حبي وتقدير لشخصهما الكريم

المحتويات

المقدمة

تستطيع أن تأخذ حصانك إلى الماء، ولكنك لا تستطيع أن تجعله يشرب، هكذا قال القدماء. والقاعدة الإدارية هي أن السلطة وحدها لا تكفي لتحفيز العاملين على العمل، ولكن إتباع الأصول المناسبة والقواعد السلوكية والإنسانية الصحيحة هي التي تجعل المدير قادرا على تحفيز مرؤوسيه ودفعهم برضاهم إلى العمل.

هذا ويعد موضوع الحوافز Incentives من الموضوعات الرئيسية والمحورية في علم ومهنة الإدارة، وذلك لأنه يمس صميم العامل البشري، ذلك العامل الذي يمثل الهدف والوسيلة وغاية النتائج حين إنجاز أي عمل كان.

فالحوافز هي قوة محركة خارجة تستخدم لحث الإنسان على بذل الجهد والقيام بالعمل بالشكل المطلوب والمتميز. بمعنى أنها بمثابة المقابل للأداء المتميز. وبالتالي فإن للحوافز تأثيرا كبيرا ومباشرا على توجيه السلوك وتحديد الاتجاهات وزيادة الإنتاجية والارتفاع بمستوى رضا العاملين.

وعلى الرغم من أهمية هذا الموضوع، إلا أنه لم يحظ بالاهتمام الكافي من قبل القيادات الإدارية في الوطن العربي. بل إنه في كثير من الأحوال لا يتم مراعاة كل من مبادئ التحفيز والعقاب المطلوب الاسترشاد بها وخصائص نظام التحفيز والعقاب الفعّال.

ويهتم الكتاب الحالي «الإدارة بالحوافز: أسالب التحفيز الوظيفي الفعّال» بإلقاء الضوء على مفهومي الدافعية والتحفيز الوظيفي وأهمية وأنواع الحوافز وأساليب وخصائص وشروط نظام التحفيز والعقاب الفعّال.. بما يساهم ذلك في زيادة معلومات

وتحسين مهارات القارئ عن هذا الموضوع الهام، والذي يمثل أحد المداخل الإدارية الرئيسية في تحقيق أهداف المنظمات بكفاءة وفعالية.

إن كتاب «الإدارة بالحوافز: أساليب التحفيز الوظيفي الفعّال» له أسلوب فريد نسبيا، حيث يحاول جذب القارئ لتفقد ما به من معلومات وأمثلة عديدة.

لقد تم تصميم الكتاب ليمسك القارئ قلمه أثناء القراءة حتى يجيب على العديد من التمارين والاستقصاءات التي تتطلب منه المشاركة في الإجابة عليها أو حلها.

هذا، ويمكن استخدام الكتاب لأغراض عديدة مثل:

1- التعلم الذاتي والدراسة الفردية: فلقد تم تصميم الكتاب ليمكنك من تعليم نفسك بنفسك.

2- البرامج التدريبية: يمكن استخدام الكتاب كملف تدريبي يتم توزيع على المتدربين

3- التدريب عن بعد: يمكن إرسال الكتاب إلى هؤلاء الذين لا يتمكنون من حضور البرامج التدريبية.

4- البحوث العلمية: يستطيع الباحثين في مجالات علم الإدارة وعلم النفس الإداري وعلم اجتماع المنظمات ومهنة التدريب ومهنة الخدمة الاجتماعية.. استخدام الكتاب كمرجع في بحوثهم النظرية والميدانية.

ويشتمل الكتاب على ثمانية عشر فصلا هي كالتالي:

الفصل الأول : ماهية الإدارة.

الفصل الثاني : أدوار ومهارات الإدارة.

الفصل الثالث : الحاجات الإنسانية -1-.

هذا، ولقد تم استخدام حوالي 138 مرجعا عربيا و 94 مرجعا أجنبيا في إعداد هذا الكتاب - ما بين كتاب وبحث ومقال وترجمة ومؤتمر - هذا بالإضافة إلى عرض بعض الجداول والأشكال التوضيحية والأمثلة والحالات العملية لتبسيط وشرح موضوع الكتاب، بما يساعد القارئ في تطوير عمله.

والمؤلف يشكر اللـه سبحانه وتعالى على توفيقه له في إعداد هذا الكتاب المتواضع الذي بلا شك به بعض النواقص، فالكمال لله وحده.

وبالله التوفيق،،

المؤلف

أ.د. مدحت محمد أبو النصر

القاهرة: 2009

الفصل الأول
ماهية الإدارة

أشتمل هذا الفصل على:

- 📖 تعريف الإدارة.
- 📖 خصائص الإدارة.
- 📖 خصائص العملية الإدارية.
- 📖 مهمة الإدارة.
- 📖 وظائف الإدارة.
- 📖 مبادئ الإدارة.
- 📖 مستويات الإدارة.
- 📖 السلطة التنفيذية والسلطة الاستشارية.
- 📖 استقصاء: هل أنت مشرف ممتاز؟

الفصل الأول

ماهية الإدارة

«إن العالم ليفسح لأي امرئ يعرف طريقه جيدا»

ديفيد ستار جودن

تعريف الإدارة:

الإدارة Management لغويا: من الفعل يدير Manage بمعنى يدير ويوظف ويستخدم ويحرك ويقتصد ويوجه ويرشد ويسوس.. وهذا هو معنى الإدارة وكذلك هو إشارة إلى بعض أدوار المدير Manager، ومن أشهر تعريفات الإدارة نذكر:

1- تعريف فريديرك تايلو Fredric Taylor: الإدارة هي: أن تعرف بالضبط ماذا تريد، ثم تتأكد من أن الأفراد يؤدون ذلك بكفاءة وفعالية.

2- تعريف هنري فايول H. Fayol: الإدارة هي: عملية تنبؤ وتخطيط وتنظيم، ومن ثم القيام بالتوجيه والمراقبة.

هذا، وهناك العديد من المدارس الفكرية والعلمية التي قدمت مفاهيم وتعريفات للإدارة. والملاحظ على هذه التعريفات، أنها تتفق مع بعضها في بعض الجوانب وتختلف كذلك في جوانب أخرى، وحتى يمكننا الإلمام بمعنى الإدارة فإننا سنقوم باستعراض بعض تعريفاتها الشائعة كالتالي:

1- الإدارة هي وظيفة تنفيذ الأشياء عن طريق الآخرين.

2- الإدارة علم وفن إ دارة الموارد لتحقيق الأهداف المطلوبة.

3- الإدارة هي نوع من الجهد البشري المتعاون الذي يتميز بدرجة عالية من الرشد.

4- الإدارة هي توفير نوع من التعاون والتنسيق بين الجهود البشرية من أجل تحقيق هدف معين.

5- الإدارة هي فن الحصول على أقصى النتائج بأقل جهد، حتى يمكن تحقيق رواج وسعادة لكل من صاحب العمل والعاملين مع تقديم أفضل خدمة ممكنة للمجتمع.

6- الإدارة عملية اجتماعية مستمرة تعمل على الاستفادة المثلى من الموارد المتاحة والممكنة عن طريق التخطيط والتنظيم والقيادة والرقابة، للوصول إلى هدف محدد.

7- الإدارة عملية تحديد وتحقيق الأهداف من خلال ممارسة أربع وظائف إدارية أساسية هي: التخطيط، والتنظيم، والتوجيه، والرقابة.

8- الإدارة هي عملية صنع القرارات بصورة رشيدة؛ لإنجاز الأهداف المطلوبة في الإطار الزمني الموضوع لها.

9- الإدارة هي عملية تحقيق المنظمة للأهداف المخطط لها، وذلك بأقل قدر ممكن من الموارد المتاحة، وفي الإطار الزمني المحدد لها.

10- الإدارة هي تخطيط وتنظيم وتوجيه ورقابة الموارد البشرية والموارد الأخرى بالمنظمة، لتحقيق أهدافها بكفاءة وفعالية.

11- الإدارة هي عملية ذهنية وسلوكية تسعى إلى الاستخدام الأمثل للموارد البشرية والمالية والمادية، لبلوغ أهداف المنظمة والعاملين بها بأقل تكلفة وأعلى جودة.

12- الإدارة هي إدارة الموارد البشرية بكفاءة وفعالية.

وفي ضوء التعريفات السابقة يمكن أن نعرف الإدارة بأنها: مهنة وعلم وفن وعملية لتحقيق التعاون والتنسيق بين الموارد البشرية والمالية والمادية - المتاحة والممكنة - لإنجاز الأهداف المخطط لها بصورة رشيدة.

الفريق بين Administration & Management:

يرى البعض أن كلمة إدارة هي ترجمة لكلمة Management ويرى آخرون أنها مرادفة لكلمة Administration. وهناك محاولات كثيرة للتفريق بينهما. فهناك من يرى أن الكلمة الأخيرة تشير إلى مهام الإدارة في المستويات العليا لكل عمل المنظمة، بينما تعبر الكلمة الأولى عن مهام الإدارة في مستويات التنفيذ والعمل الجاري اليومي، وهذا هو المفهوم الأمريكي التقليدي.

أما المفهوم البريطاني هو - بشكل عام - يرى العكس، وهناك من يميز بين الكلمتين على أساس أن كلمة Administration تطلق على المجال الحكومي أو المنظمات التي لا يحركها دافع الربح، بينما تختص كلمة Management بمشاريع الأعمال.

خصائص الإدارة:

في ضوء التعريفات السابقة يمكن تحديد بعض خصائص الإدارة كالتالي:

1- الإدارة مهنة:

الإدارة تعتبر من المهن القديمة، فقد مارس الإنسان الإدارة منذ بدء الخليقة. فالإنسان كائن اجتماعي اتصالي لا يستطيع أن يعيش بدون التواصل مع الآخرين وخاصة في مجال العمل.

هذا، ولقد توفرت للإدارة مقومات أي مهنة، مثل: القاعدة المعرفية، والأهداف المحددة، والمجتمع المهني، والميثاق الأخلاقي، والتنظيمات المهنية، والاعتراف المجتمعي.

2- الإدارة علم:

لم تعرف الإدارة كعلم ذا أصول وأسس ونظريات إلا خلال القرن العشرين، ولكن هذا لا يعني أنها وليدة هذا القرن.

وعلم الإدارة عبارة عن المعرفة المنظمة والمصنفة في شكل مجموعة من المبادئ الإدارية. هذا، ولقد بدأ الحديث عن الإدارة كعلم مع بداية كتابات وأفكار فريدريك تايلور Fredric Taylor. والإدارة علم، لكونها تسترشد بالمنهج العلمي وخطواته في أداء وظائفها وعملياتها الإدارية، كذلك الإدارة علم، لأنها تسترشد وتستفيد من أساسيات ونظريات العلوم الاجتماعية والإنسانية الأخرى، كما أن هناك العديد من النظريات التي تم استنباطها وتجربتها في مجال الإدارة.

3- الإدارة فن:

لأنها تعتمد على الإبداع والابتكار، وعلى كيفية استخدام الذكاء في المواقف المختلفة التي يواجهها المشرف أو الرئيس أو المدير، ولذلك نرى أساليب مختلفة للإدارة بالرغم من أن الوظيفة واحدة، أيضا الإدارة فن لكونها تتطلب لممارستها العديد من المهارات، سواء كانت فكرية أو إنسانية أو فنية، كذلك لأن الإدارة هي في الأصل إدارة الأفراد، وهذا يحتاج إلى دراسة وفهم هؤلاء الأفراد وتحديد الأساليب المناسبة للتعامل مع هؤلاء الأفراد والتأثير فيهم وتشجيعهم لأداء الأعمال المطلوبة منهم.

4- الإدارة عملية:

بمعنى أنها تتضمن تفاعلا متبادلا ومستمرا بين جميع أطراف العملية الإدارية، وبين المستويات الإدارية وبين الإدارات والأقسام داخل المنظمة، وبين المنظمات والبيئة

الخارجية المحيطة بها، أي أن الإدارة نشاط حركي ديناميكي منظم تجاه تحقيق أهداف مخطط لها.

كذلك يطلق على الإدارة بأنها عملية اجتماعية، لأن أهدافها تتطلب عددا من الناس يشتركون في تحقيقها.

هذا، ولقد نشأت الإدارة عندما أصبح ضروريا تعاون جماعة من الأفراد لأداء عمل معين.

5- الإدارة عملية مستمرة:

فطالما كان هناك مجتمع يعيش فيه أفراد لديهم احتياجات (متعددة ومتنوعة ومتجددة ونسبية ولا نهائية) فإن الإدارة ستستمر في نشاطها في هذا المجتمع.

6- الإدارة عملية هادفة:

ظهرت الإدارة في الأصل نظرا للحاجة إليها، ونظرا لأنها وسيلة فعّالة لتحقيق بعض أهداف المجتمع، فالإدارة على سبيل المثال مسئولة عن توفير التعاون والتنسيق بين الموارد البشرية والمادية، سواء كانت متاحة أو ممكنة، لتحقيق الأهداف المخطط لها بصورة رشيدة.

7- الإدارة مسئولة عن تحقيق الأهداف بصورة رشيدة:

بمعنى أن الإدارة مسئولة عن تحقيق أهداف المنظمة بكفاءة وفعّالية. وببساطة يُقصد بالكفاءة Efficiency الاستفادة المثلى من الموارد والترشيد في استخدامها، بينما يُقصد بالفعالية Effectiveness تحقيق الأهداف بأفضل مستوى ممكن. بمعنى أن الإدارة الرشيدة هي التي تحقق الأهداف بأقل جهد ووقت وتكاليف.

8- الإدارة والموارد:

تحتاج الإدارة إلى الموارد Resources لتحقيق الأهداف، ويعرف ماكس سيبرون Max Sipron المورد بأنه: «أي شيء له قيمة، ويمكن استخدامه، وهو إما أن يكون متاحا أو غير متاح، ويتطلب بعض الجهد لجعله متاحا، ويستطيع الإنسان أن يستفيد منه ويجعله أداة يمكن استخدامها لتأدية وظيفة أو لإشباع حاجة أو لحل مشكلة».

هذا، وهناك تصنيفات عديدة لأنواع الموارد نذكر منها: الموارد البشرية والمالية والمادية والتنظيمية، الموارد المتاحة والممكنة، الموارد الداخلية والخارجية، الموارد المعنوية، مثل: (الأفكار والطرق والأساليب والمعلومات). والمادية، مثل: (الأموال والمعدات والآلات). ومن مهام الإدارة توفير الموارد وحسن استخدامها وعدم الإسراف فيها وتحقيق التعاون والتنسيق فيما بينها.

خصائص العملية الإدارية:

تتسم العملية الإدارية بعدة خصائص تميزها عن غيرها من العمليات الأخرى، ويوضح عبدالرحمن توفيق أهم هذه الخصائص كالتالي:

1- الرسمية: وهي تتم في إطار قانوني محدد ومعروف ومعلن وهو التنظيم الرسمي.

2- الاستمرارية: فالمديرون يقومون بوظائفهم الإدارة بشكل مستمر طالما بقيت المنظمة على قيد الحياة.

3- التسلسل: تتدرج العملية الإدارة بين عدة مستويات إدارية: العليا، الوسطى، المباشرة (الإشرافية).

4- التوازن: توزيع الجهد الإداري بين الأنشطة المختلفة بما يتفق مع أهميتها النسبية، وتحقيق التوازن بين وظائف العملية الإدارة نفسها.

5- الوضوح: في تحديد الأهداف والخطط والسياسات والسلطات والمسئوليات، والمعايير الرقابية ... الخ.

6- الشمول: لكل وظائف المنظمة فما من وظيفة أو نشاط يؤدي في المنظمة إلا وتجد العملية الإدارية بكل وظائفها سابقة له ومتزامنة معه ولاحقة عليه.

7- التداخل: تتميز العملية الإدارية بالتفاعل والتداخل بين وظائفها إلى حد كبير.

8- العدالة: يجب أن تتم العملية الإدارية والقائمون عليها من مديرين بالعدالة وإلا ستصبح مجرد قوة قهرية تعتمد على سلطاتها الرسمية وليس على قبول العاملين بها.

مهمة الإدارة:

إن تحقيق التنمية المنشودة في المجتمع يتوقف على وجود المنظمات القادرة على تحقيق أهدافها والوفاء بمتطلباتها، لذا كان الاهتمام المتعاظم بدور الإدارة باعتبار أنها أدارة النمو والتقدم.

ولقد سارعت مختلف المجتمعات إلى الاهتمام بالعنصر البشري وإعداد الكوادر الفنية والإدارية اللازمة، لقيادة العمل بمنظمات المجتمع المختلفة باختلاف تخصصاتها وتبعيتها.

فالإدارة مسئولية وتكليف، فهي مسئولية من منطلق أنها مسئولة عن تحقيق الأهداف التي وجدت من أجلها المنظمات في المجتمع، وهي تكليف من المجتمع باستخدام موارده بمختلف أنواعها لتحقيق نتائج معينة تتمثل في تقديم السلع والخدمات التي يحتاجها المجتمع وبالأسعار المناسبة وبالجودة المطلوبة.

وتعتبر الإدارة دعامة رئيسية تعتمد عليها الأنشطة الاقتصادية والاجتماعية

والتعليمية والعسكرية، سواء كانت حكومية أو خاصة أو أهلية، لأنها تضع النظام السليم لاستثمار الموارد النادرة لإشباع أكبر قدر ممكن من الحاجات لدى الفرد والجماعة والمجتمع.

بمعنى أن الإدارة كمهنة مسئولة عن تحقيق أهداف المنظمات في المجتمع بكفاءة وفعالية.

إن أي هدف صغيرا كان أو كبيرا لا يمكن تحقيق إلا إذا أعلنا العزم على تحقيقه، ثم عرفنا كيف نحققه، وكيف نصل إليه، وهذه مهمة الإدارة، فعلى سبيل المثال فإن الإدارة مسئولة عن صنع القرارات الرشيدة لإنجاز الأعمال والمهام المطلوبة، وحل المشكلات التي تواجه المنظمة والمجتمع بطريقة علمية وموضوعية وعادلة.

ويشرح عبدالرحمن توفيق مهمة الإدارة من خلال النقاط التالية:

1- الإدارة هي لغة الحياة التي يتمكن بها الإنسان من تحقيق أحلامه لأنها تنظم أدوات الإنسان وموارده وتمكنه من حسن استخدامها وسلامة توجهها بالمسارات الإدارية والاقتصادية السليمة، لا يقتصر دورها فقط على إدارة الموارد بل يتعداه إلى تنظيم أساليب التفكير والتدبير، ويمتد كذلك إلى أساليب وطرق القياس، وتقييم الأداء الإنساني وكذلك تقييم أداء المشروعات اقتصاديا وماليا.

2- إن حياة الشعوب زاخرة بالمواقف التي لعبت فيها الإدارة دورا حيويا في إدارة المشروعات وازدهار المجتمعات وإدارة المواقف الصعبة فيها، ومن بين أهم الأمثلة:

- كيف استطاعت ألمانيا واليابان تحقيق المعدلات الصناعية رغم التدمير الكامل بكل ما فيها خلال الحرب العالمية الثانية.

- كيف تمكنت بعض دول شرق آسيا من منافسة الدول الصناعية الكبرى.

- كيف تمكن الجندي المصري من عبور خط بارليف في حرب السادس من أكتوبر متجاوزا كل الحسابات العلمية: السدود والخزانات والتطور العلمي والعملي الباهر في كافة العلوم وكيف تم تحقيقه؟

3- إن الإدارة هي خلاصة التجربة الإنسانية في تحقيق الممكن والمستحيل، لأنها العلم الذي استفاد من كل العلوم ولخص كل التجارب الإنسانية. وحولها إلى دروس مستفادة يمكن نقلها من جيل لآخر. إنها باختصار علم بناء الحضارات وحمايتها من الاندثار. وهي كذلك علم التدمير والهلاك والقضاء على البشرية وقهر الشعوب، لذا يبقى السؤال دائما هو كيف نحسن استخدام الإدارة كعلم؟ وكوسيلة لتحقيق أهداف الشعوب؟

وظائف الإدارة:

اختلف العلماء والباحثون في الاتفاق على تعريف واحد للإدارة، كذلك فإنهم لم يتفقوا على تحديد واضح لوظائفهم الإدارية (Management Functions)، فمنهم من يرى أن وظائف الإدارة تتمثل في:

1- صنع القرار.

2- التخطيط.

3- القيادة.

4- الرقابة.

ومنهم من يحدّد وظائف الإدارة في:

1- التخطيط.

2- التنظيم.

3- توظيف الطاقات البشرية.

4- التدريب.

5- التمويل.

ورأي ثالث يعرض وظائف الإدارة في:

1- صنع القرارات.

2- التخطيط.

3- التنظيم.

4- التوجيه.

5- الرقابة.

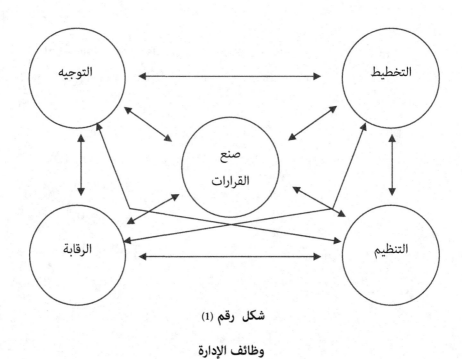

شكل رقم (1)

وظائف الإدارة

ويمكن شرح هذه الوظائف باختصار كما يلي:

1- صنع القرارات Decision Making:

وظيفة صنع القرارات هي جوهر عملية الإدارة ، وتتضمن هذه الوظيفة سلسلة من الخطوات القائمة على أساس بعض المعايير والتي تهدف إلى الاختيار الواعي بتحديد البديل الأنسب من بين البدائل المتاحة لمواجهة موقف محدد.

ويقصد بالقرار الاختيار من بين عدة بدائل مطروحة بقصد تحقيق هدف معين.

ولاختيار القرار المناسب من بين البدائل المطروحة، فإنه يمكن الاعتماد على العديد من المعايير في عملية تقييم البدائل نذكر منها:

- التكلفة.
- العائد.
- الزمن.
- الجودة.
- السلامة.
- القبول.
- البيئة

والإجابة عن الأسئلة التالية يمكن أن تساعد في اختيار البديل المناسب (اتخاذ القرار):

1- هل البديل الذي وقع عليه الاختيار سوف يؤدي إلى مواجهة المشكلة؟

2- هل هذا البديل مقبول بالنسبة لكل أطراف المشكلة؟

3- هل هذا البديل يمكن وضعه في شكل خطة عمل تفصيلية؟

4- هل الوقت يسمح باستخدام هذا البديل؟

5- هل تسمح الموارد البشرية والمالية والمادية بتطبيق هذا البديل؟

6- هل يضمن هذا البديل عدم ظهور المشكلة في المستقبل؟

ونجاح المدير يعتمد بدرجة كبيرة على سلامة ما يتخذه من قرارات ودرجة قبولها سواء داخل المنظمة أو خارجها.

ومن الملاحظ أن اتخاذ القرارات كنشاط يغطي كافة مجالات العمل داخل أي منظمة ويتم على كافة المستويات، مما يدعو إلى القول في النهاية أن الإدارة هي سلسلة من القرارات الرشيدة المتزامنة والمتعاقبة.

وتجدر الإشارة إلى أن أهمية القرار في أي منظمة تزداد، ونطاق شموله يتسع كلما ارتفع مستوى السلطة الإدارية التي تتخذ القرار داخل الهيكل التنظيمي للمنظمة.

ومن الأهمية بمكان أن نفرق بين من يتخذ القرار، وبين من يسهم في اتخاذ القرار، فمتخذ القرار يجب أن يملك السلطة الإدارية التي تعطيه الحق في اتخاذ القرارات في حدود معينة، بيد أن ذلك لا يعني أن ينفرد متخذ القرار في جميع الأحوال باتخاذ القرار، بل أن هناك الكثيرين في المنظمة من الممكن أن يساعدوه على اتخاذ القرار المناسب.

ويوضح الشكل التالي رقم (2) مدى الحرية المتاحة للمرؤوسين في عملية صنع القرارات، ومدى استخدام المدير لسلطاته وصلاحياته، والذي قدمه كل من روبرت تانيناوم Robert Tannenbaum و وارين شميدث Warren Schmidt في مقالة لهما عن «كيف تختار النمط القيادي؟» والمنشورة عام 1973م.

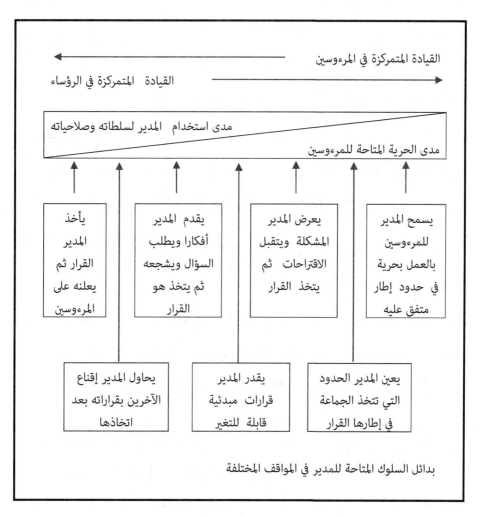

شكل رقم (2)

متصل السلوك القيادي

2- التخطيط Planning:

التخطيط هو عملية عقلية للمواءمة بين الموارد والاحتياجات، واختيار أفضل مسار للفعل من بين مسارات بديلة، ووضع ذلك في شكل خطة وميزانية لتحقيق أهداف محددة في المستقبل.

بمعنى أن التخطيط هو مرحلة التفكير التي تسبق تنفيذ أي عمل والتي تنتهي بإعداد خطة عمل. كذلك يمكن تعريف التخطيط بأنه عملية التنبؤ بالمستقبل والاستعداد له.

ومن عناصر التخطيط السليم نذكر:

أ-   الاعتماد على معلومات كافية وحديثة ودقيقة.

ب-   تحديد ووضوح الأهداف.

ج-   الاستخدام الرشيد للموارد المتاحة والممكنة.

ويشتمل التخطيط على مجموعة من المراحل مثل: وضع الأهداف والمعايير، ورسم السياسات والإجراءات والتنبؤات، وإعداد الميزانيات، ووضع برامج ومشروعات العمل والجداول الزمنية لها.

وتعتبر الخطط التنظيمية بمثابة الإطار الذي يحفز ويحقق التكامل بين الأنشطة الفردية المختلفة داخل المؤسسة، وتحدد الخطط ما يجب أن تؤديه المؤسسة، وأين ومتى وكيف ومن الذي يقوم بالأداء. ويخطط المدير عادة لعدة أسباب:

أ-   تحديد اتجاه عام لمستقبل المؤسسة، ومن ثم تحديد أهداف وتوجهات المؤسسة، مثل: زيادة الأرباح أو توسيع حصتها في السوق، كذلك مسئوليتها الاجتماعية.

ب-   ربط موارد المؤسسة بإنجاز هذه الأهداف، وضمان توفير تلك الموارد لإنجاز الأهداف.

ج- تقرير الأنشطة الضرورية لإنجاز الأهداف.

د- اتخاذ قرار بشأن المهام الواجب أدائها للوصول إلى تلك الأهداف.

3- التنظيم Organizing:

يتطلب وضع الخطط السابقة موضع التنفيذ ضرورة تحديد الاختصاصات المختلفة المطلوبة لها، ثم توزيعها على الأفراد والجماعات المختلفة داخل المنظمة بطريقة منظمة تحقق تعاونهم معا من أجل تحقيق الأهداف المشتركة بينهم.

إن جوهر وظيفة التنظيم يقوم على أساس تجميع المدخلات البشرية والاقتصادية في وحدات تنظيمية مختلفة، ثم تحديد العلاقات بين هذه الوحدات بما يحقق التكامل والتنسيق بينها من أجل تحقيق الأهداف المطلوبة بكفاءة وفعالية.

باختصار فإن وظيفة التنظيم تشمل: وضع الهيكل التنظيمي المناسب، وتهيئة وتطوير بنية الوظائف الإدارية المتداخلة بناء على متطلبات التخطيط، وتوزيع المسئولية المخطط لها على الأشخاص الذين يشغلون هذه الوظائف، وتحديد العلاقات التنظيمية بين مختلف المناصب.

4- التوجيه Directing:

وظيفة التوجيه تشمل مجموعة من الوظائف الفرعية هي: القيادة والإشراف والاتصال والتحفيز، ويمكن شرح ذلك باختصار كالتالي:

إن الموارد البشرية كي تتصرف طبقا للأهداف والخطط والسياسات والإجراءات السابق تحديد لابد من الاتصال معها، وتوفير القيادة والإشراف لها، وتقديم التحفيز المناسب لها.

ولا تقتصر هذه الوظيفة على إصدار الأوامر والتعليمات فقط من خلال الوحدات

التنظيمية، ولكن تهتم أيضا بإشراك العاملين في صنع القرارات وبقبول هذه الأوامر والتعليمات وتنفيذها من قبل العاملين.

ويحتاج جميع العاملين وعلى مختلف المستويات قدرا من التحفيز لتشجيعهم على العمل وجودته بما يحقق زيادة الإنتاجية.

5- الرقابة Controlling:

تتم وظيفة الرقابة من خلال وسائل الضبط، وذلك حتى نتأكد من أن كل شيء في المنظمة يسير وفق السياسات والخطط والميزانيات الموضوعة، والهدف من الرقابة هو رصد الأخطاء والقيام بتصحيحها والعمل على تجنبها مستقبلا.

بمعنى أن وظيفة الرقابة تهدف إلى التأكد من أن الأداء الفعلي يتم طبقا للأهداف والخطط والسياسات التي سبق وضعها (عن طريق وظيفة التخطيط) ومن خلال الهيكل التنظيمي الموضوع (وظيفة التنظيمي)، ثم تحفيز وتشجيع العاملين على تنفيذها (عن طريق وظيفة التوجيه).

والرقابة كوظيفة إدارية تزود الإدارة بالمعلومات عن الأداء الفعلي حتى يمكن مقارنتها بالمعايير التي سبق تحديدها، فإذا كانت هناك اختلافات غير مرغوب فيها بين الأداء الفعلي والأداء المخطط، فإنه يمكن اتخاذ الإجراءات التصحيحية والتي قد تأخذ أشكالا متعددة باختلاف الظروف السائدة.

مبادئ الإدارة:

المبادئ Principles هي حقائق أساسية لها صفة العمومية، وهي كذلك خطوط إرشادية وقواعد موجهة لكل من الممارسة والقرارات والأفعال.

فالمبادئ هي: مجموعة القواعد والمستويات التي تحدد ما هو صحيح وما هو

خطأ، بمعنى أنها مجموعة الأحكام أو التعليمات التي تستعمل كموجهات للسلوك وللعمل.

ويمكن التوصل إلى المبادئ؛ إما عن طريق الدروس المستفادة من الخبرات المكتسبة أو عن طريق نتائج البحث العلمي أو الاثنين معا.

وقد وضع عالم الإدارة الفرنسي هنري فايول H. Fayol (1841-1925) أربعة عشر مبدأ من مبادئ الإدارة هي كالتالي:

1- مبدأ تقسيم العمل: حيث تزداد كفاءة الأفراد كلما تخصصوا في أداء عمل كما هو الحال على خط الإنتاج.

2- مبدأ السلطة والمسئولية: ويشير هذا المبدأ إلى أن المسئولية هي نتيجة لتخويل السلطة، ومترتبة عليها. ومن الأهمية بمكان وجود تعامل بين العنصرين.

3- مبدأ الانضباط أو ضبط السلوك والتأديب: ويشير هذا المبدأ إلى أهمية إطاعة الأوامر واحترام أنظمة العمل وتطبيق نظام التأديب.

4- مبدأ وحدة القيادة: ويشير هذا المبدأ إلى ضرورة أن يتلقى المرؤوس التعليمات والأوامر من رئيس واحد.

5- مبدأ وحدة التوجيه: ويشير هذا المبدأ إلى أن كل مجموعة من الجهود أو الأنشطة يكون لها هدف واحد، كما يجب أن يكون لها رئاسة واحدة توجهها وتحدد إطار عملها.

6- مبدأ أولوية المصلحة العامة: ويشير هذا المبدأ إلى ضرورة إعطاء الأولوية للمصلحة العامة على المصلحة الفردية.

7- مبدأ المكافأة العادلة: ويشير هذا المبدأ إلى أن أنظمة المكافآت والتعويضات العادلة توفر قدرا كبيرا من الرضاء لكل من العامل وصاحب العمل.

8- مبدأ تدرج السلطة: ويشير هذا المبدأ إلى ضرورة الالتزام بخطوط السلطة من أعلى مرتبة إلى أدنى مرتبة، ويقرر هذا المبدأ عدم تخطي الرئيس المباشر في الاتصالات.

9- مبدأ المركزية: ويشير هذا المبدأ إلى أن الظروف والمواقف القائمة هي التي تحدد درجة مركزية السلطة.

10- مبدأ النظام أو الترتيب: ويشير هذا المبدأ إلى ضرورة وضع كل شيء أو كل شخص في مكانه المناسب.

11- مبدأ المساواة: ويشير هذا المبدأ إلى أهمية معاملة الإدارة لأفراد القوى العاملة بعدالة ومساواة ، فذلك يرفع من معنوياتهم.

12- مبدأ استقرار العاملين: ويشير هذا المبدأ إلى أهمية استقرار أفراد القوى العاملة في وظائفهم وأعمالهم بدرجة معقولة، فدوران العمل السريع يكلف المشروع كثيرا.

13- مبدأ توفير روح المبادأة والابتكار: ويعبّر هذا المبدأ على أهمية التفكير والتأمل عند وضع الخطة وتنفيذها، وعلى رجال الإدارة أن يشركوا مرؤوسيهم في اتخاذ القرارات.

14- مبدأ روح الفريق: ويشير هذا المبدأ إلى أهمية تنمية الإدارة لروح الفريق والتعاون بين العاملين.

وقد أضفى فايول H. Fayol على مبادئ الإدارة طابع العمومية في التطبيق حيث هي مبادئ تطبق بصفة عامة أيا كان نشاط المنظمات (صناعية أو زراعية أو تجارية أو حكومية أو غيرها)، وعلى أن يتم هذا التطبيق للمبادئ الإدارية في ضوء الظروف الخاصة والمتغيرة لهذه المنظمات.

مستويات الإدارة:

يمكن تحديد ثلاثة مستويات للإدارة كما يلي:

1- **الإدارة العليا Top Management:**

وهي المسئولة على سبيل المثال عن:

- وضع وترتيب الأهداف العامة للمنظمة.
- السياسة العامة للمنظمة
- تدبير الموارد للمنظمة.
- التخطيط الاستراتيجي (طويل المدى).
- ربط المنظمة بالبيئة المحيطة.
- صنع القرارات الرئيسية الحاكمة.
- إدارة الأزمات الكبيرة.
- الإشراف على الإدارة الوسطى.

2- **الإدارة الوسطى Middle Management:**

وهي المسئولة على سبيل المثال عن:

- تلقي الاستراتيجيات والسياسات العريضة من الإدارة العليا، ثم تقوم بترجمتها في شكل أهداف وبرامج محددة يمكن تنفيذها.
- الربط بين المستويات الإدارية المختلفة في المنظمة.
- تحقيق التنسيق والتعاون بين إدارات وفروع المنظمة.
- التخطيط متوسط المدى.
- إدارة الأزمات المتوسطة.
- الإشراف على الإدارة الإشرافية.

3- **الإدارة الإشرافية** Supervisory Management:

الإدارة الإشرافية أو الإدارة المباشرة هي المسئولة على سبيل المثال عن:

- الإشراف والرقابة على عمليات التنفيذ أي عن الإنتاج الفعلي للسلع والخدمات.
- المتابعة والتقييم للمشروعات والبرامج والعاملين.
- تحقيق التنسيق والتعاون داخل كل مشروع أو برنامج.
- التخطيط قصير المدى.
- إدارة الأزمات البسيطة أو الصغيرة.

شكل رقم (3)

مستويات الإدارة

السلطة التنفيذية والسلطة الاستشارية Line Versus Staff Authority:

تعرف السلطة Authority بأنها الحق في اتخاذ القرارات من أجل توجيه أعمال الآخرين من خلال إصدار الأوامر والتعليمات، وفي مجال الإدارة عادة ما نفرق بين السلطة والسلطة الاستشارية.

فالمديرون التنفيذيون Line Managers هم الأفراد الذين لديهم سلطة توجيه أعمال مرؤوسيهم، وعادة ما يكونون رؤساء، هذا بالإضافة إلى أنهم مسئولون عن تحقيق الأهداف الرئيسية للمنظمة، ومن أمثلة المديرين التنفيذيين: مديرو الفنادق، ومديرو الإنتاج والمبيعات.

أما المديرون الاستشاريون Staff Managers فهم الأفراد الذين لديهم سلطة تقديم النصح والمشورة للمديرين التنفيذيين لمعاونتهم في تحقيق الأهداف الرئيسية للمنظمة، وبصفة عامة نجد أن مديري الموارد البشرية هم مديرون استشاريون فهم مسئولون عن تقديم المساعدة وإسداء النصح والمشورة للمديرين التنفيذيين في شؤون الاستقطاب والتعيين والأجور والمكافآت.

استقصاء: هل أنت مشرف ممتاز؟

الإشراف Supervision عبارة عن الجهود التي يبذلها المشرف أو رئيس العمل لمساعدة المرؤوسين على التغلب على ما يواجههم من مشكلات أثناء العمل، وعلى أداء وظائفهم على نحو أفضل.

وكما يفعل مدرب كرة القدم، فإن المشرف أو رئيس العمل يراقب أعضاء فريقه، ويعرفهم جيدا، ويساعدهم على مساعدة أنفسهم، ويجعلهم يوظفون أفضل ما لديهم من إمكانات؟

فعلى سبيل المثال، فإنه يمكن التغلب على نقاط الضغط في الأداء عن طريق الإشراف والتوجيه الذي يقوم به المشرف أثناء العمل.

كذلك يمكن حل معظم المشكلات الكبيرة مع المرؤوسين بالتوجيه السليم، كما يمكن القضاء على المشكلات الصغيرة قبل أن تستفحل. فيمكن أثناء الإشراف علاج مشكلات كالإهمال والتراخي في التنفيذ وكثرة الغياب والعناد وغيرها، وذلك بالتوجيه لا بالتأنيب.

والغرض من هذا الاستقصاء هو مساعدتك على تحديد ما لديك من نقاط قوة أو ضعف كمشرف أو موجه.

الاستقصاء:

1- ما مدى قدرتك على مناقشة مرؤوسيك في نواحي الأداء التي يجب عليهم تطويرها وتحسينها؟

☐ قدرة كبيرة   ☐ قدرة متوسطة   ☐ قدرة ضعيفة

2- ما مدى قدرتك على تشجيع مرؤوسيك على التحدث معك حول مشكلات العمل، عندما يترددون أو يرغبون في مناقشتها؟

☐ قدرة كبيرة   ☐ قدرة متوسطة   ☐ قدرة ضعيفة

3- ما مدى قدرتك في مساعدة مرؤوسيك على تحديد أسباب المشكلات التي تواجههم في العمل؟

☐ قدرة كبيرة   ☐ قدرة متوسطة   ☐ قدرة ضعيفة

4- ما مدى قدرتك في مساعدة مرؤوسيك على حل المشكلات التي تواجههم في العمل؟

☐ قدرة كبيرة   ☐ قدرة متوسطة   ☐ قدرة ضعيفة

5- ما مدى قدرتك في مساعدة مرؤوسيك على اتخاذ القرارات؟

☐ قدرة كبيرة   ☐ قدرة متوسطة   ☐ قدرة ضعيفة

6- ما مدى قدرتك في أن تصبح حازما عندما يستدعي الموقف ذلك؟

☐ قدرة كبيرة   ☐ قدرة متوسطة   ☐ قدرة ضعيفة

7- ما مدى قدرتك في إقناع مرؤوسيك بدون اللجوء إلى التهديد الصريح أو الضمني؟

☐ قدرة كبيرة   ☐ قدرة متوسطة   ☐ قدرة ضعيفة

8- ما مدى قدرتك على مساعدة مرؤوسيك الذين يعانون من مشكلات خاصة كالإدمان أو مشكلات عائلية أو التوتر؟

☐ قدرة كبيرة   ☐ قدرة متوسطة   ☐ قدرة ضعيفة

9- ما مدى قدرتك على مساعدة مرؤوسيك على إنجاز أهداف العمل وفق الجدول الزمني المحدد؟

☐ قدرة كبيرة   ☐ قدرة متوسطة   ☐ قدرة ضعيفة

10- ما مدى قدرتك على عدم جعل روتين العمل اليومي يشغلك عن تدريب وتوجيه مرؤوسيك؟

☐ قدرة كبيرة   ☐ قدرة متوسطة   ☐ قدرة ضعيفة

11- ما مدى قدرتك على اتخاذ القرارات دون التحيز القائم على أساس السن أو الجنس أو اللون أو الأصل أو الدين أو العلاقة الشخصية؟

☐ قدرة كبيرة   ☐ قدرة متوسطة   ☐ قدرة ضعيفة

التعليمات:

1- أعط لنفسك 3 درجات في حالة الإجابة قدرة كبيرة، ودرجتان في حالة الإجابة قدرة متوسطة، ودرجة واحدة في حالة الإجابة قدرة ضعيفة.

2- اجمع درجاتك عن جميع الأسئلة.

تفسير النتائج:

أ - في حالة الحصول على 23 درجة فأكثر فأنت مشرف ممتاز، أنت تفهم المعنى السليم للإشراف وتطبقه في العمل. سوف تنجح في إدارة مرؤوسيك، وتحقق الأهداف المطلوبة منكم.

ب - أما إذا حصلت على 12 - 22 فأنت مشرف جيد. أحيانا تطبق المعنى السليم للإشراف وتقدم التوجيه والمساعدة لمرؤوسيك. وأحيانا أخرى تنسى ذلك. وتمارس الإشراف كنوع من السلطة والرقابة وتصيد الأخطاء، حاول أن تتغلب على نفسك في حبها للسلطة.

ج - وإذا حصلت على 11 درجة فأقل فأنت ذو قدرة إشرافية ضعيفة. يجب عليك أن تعرف أن الإشراف الفعّال هو توجيه المرؤوسين وتدريبهم وتنمية مهاراتهم وقدراتهم لأداء العمل بشكل أفضل. ننصحك بأن تشترك في أكثر من برنامج تدريبي عن الإشراف والتوجيه وفن قيادة الآخرين.

الفصل الثاني
أدوار ومهارات وأبعاد الإدارة

أشتمل هذا الفصل على:

- **أدوار المدير.**
- **مهارات الإدارة.**
- **أبعاد الإدارة.**
- **أنواع الإدارة.**

الفصل الثاني

أدوار ومهارات وأبعاد الإدارة

من هو المدير؟

يشير مصطلح المدير Manager إلى الشخص الذي يدير الأفراد والموارد في أحد الأقسام أو الإدارات أو الفروع أو المواقع.. أو حتى الذي يدير المنظمة ككل.

بمعنى أن المدير هو الشخص الذي يمارس مهنة الإدارة ووظائفها (صنع القرارات والتخطيط والتنظيم والتوجيه والرقابة)، وذلك لتحقيق الأهداف الخاصة بالقسم أو الإدارة أو الفرع أو الموقع أو المنظمة ككل.

ويعتبر المديرون هم الثروة الرئيسية لأي مشروع أو لأي منظمة. ويقول (بيتر دراكر): إن المديرين هم أغلى مورد، وتتناقص قيمتهم أسرع من أي شيء آخر، ويحتاجون إلى تطوير وتغيير مستمر. وقد يستغرق بناء مجموعة من المديرين عدة سنوات، ولكنها قد تستنزف في فترة قصيرة من إساءة الحكم.

ويمثل المديرون جزء صغيرا من العاملين في المنظمة. فمعظم العاملين يؤدون أعمالا تنفيذية غير إدارية، والفرق بين المدراء وباقي العاملين هو أنه يتم تقييم المدراء على أساس درجة كفاءتهم وفعاليتهم في إدارة الأفراد والموارد بما يحقق الأهداف المخططة للمنظمة بصورة رشيدة.

وجميع المدراء يواجهون تحديات عديدة وعليهم إيجاد طرق أكثر كفاءة وفعالية لتحفيز العاملين من أجل زيادة إنتاجية وربحية المنظمة.

هذا، وهناك عديد من التسميات التي تطلق على المدير في الحياة العملية وذلك حسب المستوى الإداري الذي يعمل به، فيطلق عليه رئيس المنظمة، ومدير قطاع، ومدير عام، ونائب مدير عام، ومدير عام مساعد، وذلك على مستوى الإدارة العليا. ويطلق عليه مديرا ونائب مدير ومديرا مساعدا، وذلك على مستوى الإدارة الوسطى. ويطلق عليه رئيسا، ونائب رئيس، ورئيسا مساعدا، ومشرفا، وذلك على مستوى الإدارة الإشرافية.

أدوار المدير:

الدور Role هو: مجموعة الأنشطة والسلوكيات التي يتوقعها الآخرون من الفرد كممارس لهذا الدور ولكل فرد منا من الأدوار في الحياة والعمل، منها: دوره كابن وزوج وأب .. ودوره كموظف أو زميل أو رئيس أو مدير .. ويوضح أحمد سيد مصطفى أن دور الفرد في العمل ينبع من طبيعة وظيفته أو مركزه التنظيمي، ويرتبط بمفهوم الدور مصطلحات إدارية مهمة، يمكن تحديدها كالتالي:

1- الأداء Performance:

يقصد بالأداء المهني: القيام بالشيء أو تأدية عمل محدد، أو إنجاز مهمة أو نشاط معين.

2- الأداء المهني Personal Performance:

يقصد بالأداء المهني: القيام بأعباء الوظيفة التي يقوم بها الشخص من مسئوليات وواجبات، وفقا للمعدل المفروض أدائه من العامل الكفء المدرب، هذا ويمكن معرفة هذا المعدل عن طريق تحليل الأداء.

3- **تحليل الأداء** Performance Analysis:

يقصد بتحليل الأداء: دراسة كمية العمل والوقت الذي يستغرقه، وإنشاء علاقة عادلة بينهما.

4- **معدل الأداء** Rate Performance:

يقصد بمعدل الأداء: كمية العمل التي ينجزها فرد واحد أو مجموعة من الأفراد خلال زمن معين، تحت الظروف الطبيعية للعمل، أو مقدار الزمن اللازم لإنجاز كمية العمل.

ويؤدي المديرون الوظائف الإدارية الرئيسية الخمس عن طريق وأثناء قيامهم بمجموعة متنوعة من الأدوار الإدارية Managerial Roles.

وتشير معظم كتب الإدارة إلى أن المديرين عليهم تغيير أدوارهم التقليدية والانتقال إلى ممارسة أدوارهم الحديثة والمعاصرة، فعلى سبيل المثال عليهم الانتقال من دور الإدارة Manage إلى دور القيادة Lead، ومن دور التحكيم والضبط Control إلى دور التأثر Influence، ومن دور معطي التعليمات Instruct others إلى الدور الميسر أو المسهل Facilitator، ومن دور تجنب المخاطر Risk Avoidance إلى دور إدارة المخاطر Management Risk، ومن العمل الفردي Individual إلى العمل الفريقي Team Work، ومن دور مالك المعلومات Information Shard، ومن دور المفوض Delegate إلى دور مانح القوة وتمكين المرؤوسين Empower.

هذا، وهناك محاولات عديدة لتصنيف الأدوار المطلوبة من المدير، نذكر منها:

● المدير القائد، المدير مركز المعلومات، المدير حلّال المشكلات، المدير مخصص الموارد، المدير المبدع الأول.

- المدير يعمل مع ومن خلال الآخرين، المدير يتحمل المسئولية ويحاسب، المدير يحقق التوازن ويضع الأولويات، المدير يتخذ القرارات، المدير المفكر، المدير سياسي.

- - المدير الزعيم (المثال والنموذج والوالد).

  - المدير القائد (يوجه ويحفز ويحرك).

  - المدير المراقب (يتابع ويحاور ويرشد ويصحح).

  - المدير ضابط الاتصال (مركز وحلقة الوصل).

  - المدير رجل الأعمال (يبحث عن فرص الاستثمار).

  - المدير حلّال المشكلات والأزمات (مبادر ومخطط).

  - المدير موزع معلومات (يصمم ويدير نظام المعلومات).

  - المدير مخصص موارد (يجيد الاستثمار) .

وهناك من يحدد الأدوار الرئيسية للمدير في:

1- دور إداري يتمثل في المساهمة في العملية الإدارية كالتخطيط والتنظيم والتوجيه والرقابة.

2- دور يمثل فيه المنظمة في مواقف معينة سواء أمام العاملين أو أمام الغير.

3- تكوين علاقات أفقية بقصد التنسيق مع نظرائه في المنظمة أو خارجها.

4- دور إعلامي كمتابع ومتلق وناشر أو ناقل للمعلومات بل ومتحدث رسمي.

5- دوره في عملية اتخاذ القرارات في مجالات متعددة.

6- دوره في مواجهة وعلاج المشكلات وحل الخلافات داخليا وخارجيا.

7- دوره في ترشيد واستخدام الموارد البشرية والمالية.

8- دوره في التنمية والتطوير.

هذا ويمكن تحديد ثلاثة أنواع رئيسية لأدوار المديرين كالتالي:

أولا: أدوار مرتبطة بصنع القرارات Decisional Roles:

ومن هذه الأدوار نذكر:

1- صانع القرارات.

2- متخذ القرارات.

3- المفاوض.

4- مخصص موزع الموارد.

5- معالج الصراعات والاضطرابات.

ثانيا: أدوار متعلقة بالمعلومات Information Roles:

ومن هذه الأدوار نذكر:

1- جامع المعلومات.

2- مصدر المعلومات.

3- محلل المعلومات.

4- موزع المعلومات.

5- متابع/مراقب.

6- المتحدث الرسمي.

ثالثا: أدوار مرتبطة بالعلاقات مع الآخرين Interpersonal Roles:

ومن هذه الأدوار نذكر:

1- القائد.

2- المرشد/ الموجه.

3- حلّال المشكلات.

4- حلقة اتصال.

5- الوسيط.

وفي هذا السياق يؤكد محمد محمد إبراهيم على أربع نقاط مهمة هي:

1- تتطلب وظيفة كل مدير أداء مزيج من هذه الأدوار.

2- غالبا ما تؤثر هذه الأدوار على خصائص العمل الإداري.

3- هذه الأدوار مترابطة بدرجة مرتفعة.

4- تتباين الأهمية النسبية لكل دور تباينا ملحوظا حسب المستوى الإداري وحسب الظروف التي تمر بها المنظمة.

وينبه (بيتر دراكر) Peter Drucker في هذا الشأن بأن معظم المديرين يضيعون أغلب وقتهم في ما ليس بـ «إدارة»، وعلى مدير المبيعات القيام بالتحليل الإحصائي أو بالتراضي ومهادنة عميل مهم، على ملاحظة العمال إصلاح الأدوات وكتابة تقرير الإنتاج، وعلى مدير التصنيع تصميم مصنع جديد وترتيب واختبار مواد جديدة.

كما يقوم رئيس الشركة بعمل تفاصيل قرض بنكي أو مناقشة عقد كبير، أو قضاء ساعات في حضور غداء، تكريما لموظف ذي خدمة طويلة. إن كل هذه الأشياء تنتمي إلى عمل خاص، وكلها ضرورية ويجب القيام بها بإتقان، إلا أنها بعيدة تماما عما يفعله كل مدير مهما كان عمله ونشاطه، وبغض النظر عن رتبته ومركزه. ذلك هو العمل الذي يقوم به كل المديرين ويختصون به، ويمكننا أن نطبق التحليل المنظم للإدارة العملية على عمل المدير، كما يمكننا عزل ما يقوم بعمله رجل لأنه مدير، وتقسيمه إلى عمليات مكونة له، وبذلك يمكن لرجل أن يحسن أداءه كمدير بتحسين أدائه الأنشطة المكونة له.

مهارات الإدارة:

إن الإدارة هي عمل محدد ودقيق. ولهذا فهي تتطلب مهارات Skills محددة ودقيقة، وعلى المدير اكتساب عديد من المهارات التي تجعله قادرا على ممارسة الوظائف الإدارية الخمس والقيام بالأدوار الإدارية الثلاث السابق الحديث عنها، ونذكر من تعريفات المهارة ما يلي:

1- السرعة والدقة في أداء عمل من الأعمال مع الاقتصاد في الجهد المبذول.

2- القدرة على عمل شيء معين لتحقيق هدف محدد.

3- القدرة على تحقيق الأهداف بفعالية.

4- مزيج من الخبرة المكتسبة من الأفعال أو الأنشطة بجانب القدرة الذهنية على تطبيق هذه الأفعال بفعالية وبراعة.

هذا ويمكن أن نقول: إن المهارة هي القدرة على استخدام المعرفة في تحقيق هدف معين بدقة وسهولة وسرعة وسلامة وأمان.

وفي ضوء ما سبق يمكن وضع المعادلة التالية:

المهارة = الرغبة (الاستعداد) + المعرفة + القدرة + الإتقان + السرعة

إن المهارة لا تكتسب لفظيا، وتظهر أثناء العمل والممارسة أو أثناء أداء المسئوليات المكلف بها الفرد. فاكتساب المهارات يتم عن طريق: الدراسة والمعرفة والفهم، ثم التدريب على ممارستها، ثم التثبيت لها.

هذا، ويمكن تحديد ثلاث مهارات على أي مدير اكتسابها، بل وإجادتها، وهي كالتالي:

1- مهارات فكرية Conceptual Skills:

المهارات الفكرية أو ما يطلق عليه في كتابات أخرى بالمهارات الإدارية أو الإدراكية، ويقصد بها القدرة على التفكير المنطقي المرتب، وتصور الأمور ورؤية الأبعاد الكاملة لأي مشكلة ما، وتحديد العلاقات بين المتغيرات المختلفة، ومن أمثلة المهارات الفكرية نذكر: مهارة التخطيط، مهارة تحليل المشكلات، مهارة القيادة، مهارة الإقناع، مهارة التفاوض، مهارة اتخاذ القرارات.

2- مهارات إنسانية Human Skills:

المهارات الإنسانية أو ما يطلق عليها في كتابات أخرى بمهارات الاتصال والتعامل مع الآخرين، ويقصد بها القدرة على التعامل الفعّال الناجح مع الآخرين (مع الزملاء ومع المرؤوسين ومع الرؤساء ومع العملاء)، ومن أمثلة المهارات الإنسانية نذكر: مهارات الاتصال مع الآخرين، ومنها: مهارة الاتصال اللفظي (الشفهي والمكتوب)، ومهارة الاتصال غير اللفظي (مهارة لغة الجسم)، ومهارة كسب الآخرين وكسب احترامهم.

3- مهارات فنية Technical Skills:

المهارات الفنية يقصد بها القدرة على القيام بالعمل المطلوب بالشكل السليم، ومعرفة تسلسل هذا العمل وخطواته، والإجراءات اللازمة للقيام بالعمل المطلوب، ومن أمثلة المهارات الفنية نذكر: مهارة رصد وتحليل البيانات، مهارة استخدام الحاسب الآلي، ومهارة كتابة التقارير، مهارات العرض والتقديم، مهارة وضع ميزانية.

ويختلف المزيج الملائم من هذه المهارات باختلاف المستوى الإداري للشخص المسئول، والشكل التالي يوضح توزيع المهارات المطلوبة على مستويات الإدارة المختلفة.

وكما هو واضح من الشكل رقم (4) أنه كلما تدرج الشخص وظيفيا إلى أعلى فهو يحتاج إلى اكتساب مهارات فكرية أكثر، وأنه كلما اتجهنا إلى أسفل الهرم أو الهيكل التنظيمي احتاج الشخص إلى مهارات فنية أكثر، أما مساحة أو ثقل المهارات الإنسانية فهي واحدة لجميع المستويات الإدارية.

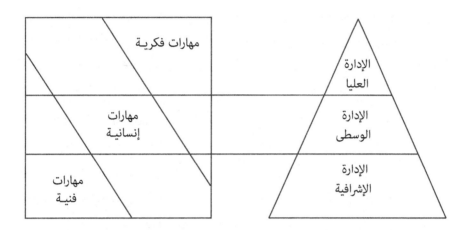

شكل رقم (4)

مهارات الإدارة

ويرى بيتر دراكر أن على المدير اكتساب المهارات الإدارية التالية:

1- اتخاذ القرارات الفعّالة.

2- تبادل الفكر والمعلومات في داخل المنظمة وخارجها.

3- الاستخدام السليم للرقابة والمقاييس.

4- الاستخدام السليم للأدوات التحليلية الخاصة بعلوم الإدارة.

ويرى المؤلف أن مهارات الإدارة يمكن تصنيفها إلى ثلاث مهارات كالتالي:

1- مهارات إدارية Managerial Skills:

مثل:

- مهارة صنع واتخاذ القرارات.

- مهارة التخطيط.

- مهارة التنظيم.

- مهارة التوجيه والإشراف.

- مهارة الرقابة.

- مهارة إدارة الوقت

- مهارة إدارة الأزمات

2- مهارات قيادية Leadership Skills:

مثل:

- مهارة التأثير في الآخرين.

- مهارة الإقناع.

- مهارة بناء وإدارة فرق العمل.

- مهارة إدارة الاجتماعات

- مهارة توفير فرص النمو للآخرين.

3- مهارات إدارة الذات Self Management Skills:

مثل:

- مهارة فهم الذات/ إدراك الذات.

- مهارة تقييم الذات.

- مهارة محاسبة الذات.

- مهارة حفز الذات.

- مهارة تطوير وتنمية الذات.

- مهارة تقديم الذات بطريقة إيجابية.

نقطة أخيرة بشأن هذه المهارات هي انه لا يمكن لأي مدير أن يبرع في هذه المهارات جميعا، إلا أنه يجب على كل مدير أن يفهم ماهية هذه المهارات، وما يمكنها القيام به لصالحه، وما تتطلب هذه المهارات منه، ويحتاج كل مدير إلى معرفة أساسية للمهارات الضرورية.

أبعاد الإدارة:

في ضوء ما سبق يمكن تحديد ثلاثة أبعاد للإدارة هي كالتالي:

- البعد الأول: مهمة الإدارة.
- البعد الثاني: وظائف الإدارة.
- البعد الثالث: العمليات الإدارية.

وتمثل العمليات الإدارية التخصص الفني للأنشطة الإدارية المختلفة من تمويل وأفراد وإنتاج وتسويق ومشتريات، هذه الأبعاد الثلاثة تتفاعل مع البيئة Environment المحيطة بالمنظمة، والتي يمكن تحديد أنواعها كالتالي:

1- البيئة الداخلية Internal:

وتشمل مجموعة العوامل الداخلية التي تؤثر على الأداء الإداري بالمنظمة، مثل: قنوات الاتصال وأهداف المنظمة، ونطاق ومجال عمل المنظمة والإدارات والأقسام بالمنظمة وثقافة المنظمة.

2- البيئة الخارجية External:

والتي تتكون من العوامل الاقتصادية والاجتماعية والمادية والقانونية والثقافية القائمة في المجتمع، والتي تؤثر سواء بالإيجاب أو بالسلب على المنظمة.

ويمكن تصنيف البيئة الخارجية إلى الأنواع التالية:

أ -   البيئة الاقتصادية.

ب- البيئة الاجتماعية.

ج- البيئة المادية والفنية.

د-   البيئة القانونية والحكومية.

هـ- البيئة الثقافية.

ويمكن التعبير عن أبعاد والبيئات التي تمارس من خلال في الشكل التالي:

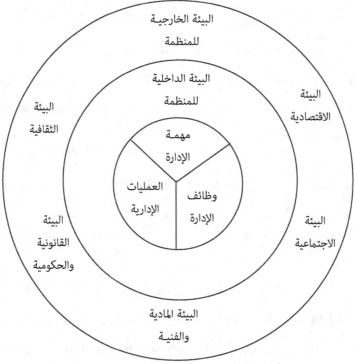

أبعاد الإدارة والبيئات التي تمارس من خلالها

أنواع الإدارة:

توجد أنواع عديدة للإدارة، ويمكن وضع التصنيف التالي - المرتبط بموضوع الكتاب - لأنواع الإدارة كالتالي:

1- الإدارة العامة.
2- إدارة القطاع العام.
3- إدارة الأعمال.
4- الإدارة الدولية.
5- إدارة منظمات المجتمع المدني.

ويُقصد بالإدارة العامة أو الحكومية Public Administration: النشاط الذي يتعلق بتنسيق الجهود الفردية والجماعية لتنفيذ سياسة عامة.

والإدارة العامة في إطار هذا المفهوم تعني تنفيذ السياسة العامة للدولة وإخراجها إلى حيز الواقع، وهي بذلك تمثل مجموع النشاط والعمل الحكومي الموجه نحو أداء الخدمات العامة Public Sector Administration، فيُقصد بها إدارة المؤسسات العامة بالدولة، وتعرف المؤسسة العامة بأنها مشروع اقتصادي عام، له شخصية معنوية تملكه الدولة، وتديره بأساليب تختلف عن الإدارة التقليدية للجهاز الحكومي، وذلك لسد حاجة عامة من حاجات المجتمع.

ومن الخصائص المهمة لهذه المؤسسات العامة هو تحررها من الروتين الحكومي في إجراءات التعاقد والشراء والتوظيف والتعامل مع رأس المال.

وبالنسبة لإدارة الأعمال Business Administration فهي الإدارة المهتمة بأوجه النشاط الاقتصادي الخاص (Private) الهادف إلى تحقيق الربح Profit.

ومن أنواع الإدارة أيضا الإدارة الدولية International Administration والتي يقصد

بها إدارة المنظمات التي لها صفة دولية أو إقليمية: (منظمة الأمم المتحدة والمنظمات المتخصصة التابعة لها، مثل: (مؤسسة اليونيسيف ومنظمة اليونسكو ومنظمة الصحة العالمية، وجامعة الدول العربية ومنظمة الدول الإفريقية).

أما إدارة منظمات المجتمع المدني Administration for the Civil Society Organizations فيقصد بها أوجه النشاط الإداري الذي يتوافر في منظمات المجتمع المدني مثل: (الجمعيات الأهلية والنقابات المهنية والعمالية والأندية الرياضية) .

وفي ضوء ذلك فإن إدارة الجمعيات الأهلية Administration for Voluntary Associations تعتبر جزء أو نوعا من أنواع منظمات المجتمع المدني.

وبصفة عامة فإن إدارة منظمات المجتمع تختلف عن الإدارة العامة في أنها لا تهدف إلى تقديم خدمات عامة، وإنما تهتم بخدمة فئة خاصة أو معينة من المواطنين، وتختف أيضا عن إدارة الأعمال من حيث إنها لا تهدف إلى تحقيق الربح بمفهومه العام، وإنما توجه دخلها نحو رعاية المنتمين إليها هم وأسرهم.

هذا، ويمكن تقويم نجاح إدارة منظمات المجتمع المدني بمؤشرات عدة، منها: مدى رضا الأعضاء المنتمين إلى المنظمة، هذا الرضا يمكن ملاحظته عادة من نتائج عملية الانتخاب الدولية لأعضاء مجالس الإدارة أو من قرارات الجمعية العمومية أو برضا الجمهور المستفيد.

المتغيرات العالمية والإقليمية والمحلية:

وأيا كان نوع الإدارة فإنها لابد أن تراعي وتدرس وتستفيد من جميع المتغيرات المحلية والإقليمية والعالمية المحيطة بها، بل عليها أن تسهم في إحداث هذه المتغيرات لا أن تكون دائما رد فعل لها، ومن المتغيرات العالمية نذكر:

1- نحن في عصر العولمة.

2- نحن في عصر المعلومات.

3- نحن في عصر إدارة الجودة الشاملة.

4- نحن في عصر حماية البيئة.

5- نحن في عصر التقدم التكنولوجي.

6- نحن في عصر التكتلات الاقتصادية والسياسية والعسكرية.

7- نحن في عصر إدارة بلا أوراق.

8- نحن في عصر الإدارة على المكشوف أو الإدارة المفتوحة.

9- نحن في عصر الإدارة فائقة السرعة.

ومن المتغيرات الإقليمية والمحلية، نذكر:

1- زيادة الرغبة في التنمية.

2- زيادة الاهتمام بالمجتمع المدني Civil Society.

3- زيادة قوة التطلعات الشعبية والتوقعات الجماهيرية.

4- استمرار مسئولية الدولة عن تحقيق مفهوم الدولة الإيجابية Positive State أو دولة الرفاهية Welfare State بمعنى مسئوليتها عن تحقيق الحد الأدنى من مستوى المعيشة المناسب لجميع المواطنين وتحمل الدولة عبء تقديم الخدمات الأساسية لهم مع مراعاة عدم التمييز أو التفرقة فيما بينهم.

5- النمو الحضاري السريع.

6- الزيادة السكانية بمعدلات تفوق معدلات التنمية.

7- سوء توزيع السكان.

موقف الإدارة من هذه المتغيرات:

وعلى الإدارة أن تستجيب لهذه المتغيرات من خلال قيامها بالمهام والأدوار التالية:

1- دراسة هذه المتغيرات، دراسة علمية موضوعية دقيقة.

2- فهم هذه المتغيرات، بشكل عقلاني وموضوعي ومتعمق.

3- الاستجابة البناءة والإيجابية لهذه المتغيرات.

4- العمل على إحداث التغير واستثماره.

5- العمل على تحقيق النمو المستمر.

6- التخلص من القوالب التنظيمية الجامدة.

7- السعي إلى التمييز بتعبئة واستثمار كل الطاقات.

8- الحرص على تطبيق أساليب ومبادئ إدارة الجودة الشاملة، وعلى رأسها كسب رضاء العملاء.

9- تبني مفهوم الابتكار والإبداع والاختراع.

10- تبني خصائص المنظمة المتعلمة - القادرة على التعلم Learning Organization.

11- تبني مفاهيم القيادة المتطورة.

12- الإيمان بأهمية العلاقات الإنسانية والرعاية الاجتماعية ودورهما في زيادة الولاء والانتماء التنظيمي وزيادة الإنتاجية لدى أي منظمة.

تحديات الإدارة في بيئة عالمية:

في ضوء ما سبق يمكن رصد بعض تحديات الإدارة في الوقت المعاصر كما يلي:

1- الإبداع، الابتكار، الاختراع.

2- التنافس القطري، الإقليمي، العالمي.

3- الشركات متعددة الجنسيات.

4- الجودة الشاملة.

5- المسئولية الاجتماعية تجاه خدمة المجتمع.

6- التدخل الحكومي.

7- مطالب النقابات العمالية.

8- التقدم التكنولوجي.

9- التقدم في الحاسبات الآلية.

وكمثال على تأثير مثل هذه المتغيرات والتحديات على مهنة الإدارة، نذكر العلامات التالية:

● ستؤثر تداعيات ثورة المعلومات والاتصالات على نمط الأداء الإداري وعلى العلاقات التنظيمية. ويكفي في هذا الصدد الإشارة على سبيل المثال إلى ما أتاحه ربط جهاز الحاسب الآلي بجهاز الموديم Modem مع جهاز التليفون من إمكانية نقل أي من صيغ المعلومات من حاسب طرف مرسل إلى حساب الطرف المستقبلي عبر الاتصال التليفوني والبريد الإلكتروني.

● ويشير أيضا أحمد سيد مصطفى بأن كثيرا من الشركات وخاصة في الغرب - بناء على هذا التقدم التقني في مجال المعلومات - سمحت لموظفيها بإنجاز بعض الأعمال خارج مكاتبهم، ربما في منازلهم، وإرسال نتائج العمل اليومي أو الأسبوعي عبر هذه الأجهزة إلى رؤسائهم.

● كذلك يتوقع أن يظهر الجيل الخامس من الحاسبات الآلية، فيتمكن من تصميم البدائل ذاتيا وتقييمها، وتقديم توصيات لصناع القرار، بدلا من قيام مصمم البرامج بتحديد البدائل. وسيؤدي ذلك لعمق أكبر في تطور قيام مصمم البرامج بتحديد البدائل. وسيؤدي ذلك لعمق أكبر في تطور التصميمات الخاصة بالسلع

وفي الاتصالات والمعلومات، بحيث تتعمق وتكتمل ظاهرة عالمية الأسواق المالية والنقدية والتجارية.

- ويشير أحمد سيد مصطفى إلى أن هذه الظاهرة ستؤدي إلى تجاوز الحواجز الجغرافية والسياسية والثقافية التي تعوق عمليات التبادل الدولي ثقافيا وتجاريا وفنيا وتسويقيا، ولاشك أن هذا يتطلب تعزيز القدرات التنافسية للمنظمات العربية في هذه السوق العالمية.

- لم يحدث في تاريخ البشرية من قبل أن برز على سطح المجتمع تيار فكري واقتصادي وسياسي واجتماعي وثقافي، بأثار من الجدل والحيرة والقلق والتوجس مثلما فعل التيار الذي أطلق عليه مصطلح «العولمة Globalization.

- فالعولمة تيار لم يقننه فلاسفة أو مفكرون، ثم قدموه للناس على أنه نظرية أو مذهب جديد يسعى إلى دمج العالم في منظومة متكاملة، بل تيار تدفق كنتيجة طبيعية لانهيار الاتحاد السوفييتي، وانتهاء عصر القطبية الثنائية، وثورة المعلومات التي جعلت من العالم قرية كونية صغيرة، وتضخم وتطور الشركات العملاقة المتعددة الجنسيات.

ومع بروز هذا التيار منذ أوائل تسعينيات القرن العشرين، هرع المفكرون الإستراتيجيون والسياسيون والاقتصاديون والاجتماعيون إلى تقنينها في إطار منهجي متبلور، وسعى بعضهم إلى تقديمها كنظرية حتمية لا يمكن تجاهلها أو تجنبها على المستوى التطبيقي الدولي.

وفي البداية يمكن أن نرحب بالعولمة إذا كانت تهدف إلى إزالة الحواجز بين الناس وتحقيق الوئام والتبادل الحضاري بين الشرق والغرب بما يساهم في تحقيق التقدم لجميع الدول.

كذلك نحن نرحب بالعولمة إذا كان هدفها تحقيق التعارف والتواصل المتبادل

بين الشعوب بدون حواجز فيما بينهم، وأن تساهم في تبادل المنافع دون ظلم وعلى أساس من العدل.

لكن الذي لا نقبله أن يكون هذا التبادل بطريقة تقوم على الظلم واستغلال حاجة المحتاج وإلحاق الضرر ببعض الشعوب وإضافة الهوية الوطنية وتقويض الإيمان الديني.

إن الغرب يحاول تشويه صورة الإسلام والمسلمين، ويربط في كثير من الأحيان بين الإسلام والإرهاب، وتحميل المسلمين مسئولية توتر العلاقة بين الإسلام والغرب، ويقوم بعض المفكرين في هذه الدول باستثارة صناع القرار في الولايات المتحدة الأمريكية ودول أوروبا الغربية ضد الدول الإسلامية.

ومهمة المسلمين مقاومة هذه الحملة الشرسة ضد الإسلام والمسلمين والرد على ادعاءات الغرب بشكل علمي ومنطقي وهادئ يدل على سماحة الإسلام والمسلمين؛ وذلك في مختلف وسائل الإعلام المتاحة لنا في الغرب مع استخدام لغاتهم في توصيل الرسالة لتسهيل الفهم لديهم، وبالتالي نوضح الصورة الحقيقية للإسلام.

كذلك على المسلمين مراعاة ظروف الزمان والمكان وما يراه روح العصر والاستجابة لحاجات البيئة والعصر، وتوخي جلب المصالح ودفع المفاسد بما ينسجم مع الهيكل التشريعي القائم، والالتزام بالأصول العامة للشريعة الإسلامية.

وفي ضوء تحديات عصر العولمة فلا يجوز أن يقودنا هذا التيار الجارف إلى أن نذوب فيه ونفقد الهوية الإسلامية العربية الخاصة بنا، كما لا يجور أن نعزل أنفسنا عن عالمنا الذي نعيش فيه، فهذا الانعزال في عالم اليوم قد أصبح أمرا مستحيلا، ومن هنا فإن علينا أن نكون إيجابيين ومشاركين في التطورات التي تحدث من حولنا لا أن نكون مجرد تابعين أو متفرجين.

مقومات المدير الناجح:

لقد أجريت العديد من البحوث والدراسات لتحديد سمات المدير الناجح، وتوصلت إلى مجموعة كبيرة ومتنوعة من السمات التي يجب على أي مدير أن يتحلى بها ويكتسبها ليس فقط من خلال خبرات العمل، بل أيضا بواسطة الدورات التدريبية وحضور المؤتمرات والندوات وقراءة كتب ومجلات الإدارة، بل وكتب ومجلات علم النفس وعلم الاجتماع والعلاقات العامة والتخطيط.

وكل هذه البحوث والدراسات كان الهدف الرئيسي لها هو محاولة تحقيق مبدأ وضع الرجل المناسب في المكان المناسب.

إن المدير الناجح يحقق النجاح لنفسه ولجماعة العاملين معه وللمؤسسة التي يعمل بها والعكس صحيح. المدير الناجح المتميز هو الذي يحاول تطوير نفسه، كما يحاول تحقيق الأهداف بكفاءة وفعالية.

والآتي شرح لمفهوم كل من الكفاءة والفعّالية.

لقد تعددت الآراء واختلفت أحيانا في تعريف مصطلحي الكفاءة والفعّالية، وببساطة يمكن تحديد معنى كل منهما كالتالي:

أولا: الكفاءة Efficiency:

يقصد بالكفاءة: حسن الاستفادة من الموارد Utilizing Resources، فالإدارة عليها مسئولية استخدام العناصر البشرية والمالية والمادية أحسن استخدام - أي بكفاءة.

كذلك تشير الكفاءة إلى قدرة الفرد على تطبيق ما تعلمه بشكل سليم يتصف بالدقة والإتقان مع مراعاة البعد الإنساني في التعامل مع الآخرين.

والمدير الكفء هو ما لديه القدرة على أداء العمل المطلوب منه بمهارة مع

ضرورة التعامل الإنساني مع الزملاء والمرءوسين والعملاء أو الجمهور. كذلك كلمة «كفء» تعني أكثر من مجرد «بارع» إنها تعني أن يكون الموظف :

1- بارعا.

2- مؤهلا.

3- منتجا.

كما تعني أن يكون:

1- عارفا بمقومات الوظيفة.

2- قادرا على أداء مهام الوظيفة.

3- مجتهدا ونشطا ومتحركا.

4- قادرا على التعامل مع الآخرين بنجاح.

ويمكن قياس الكفاءة من خلال المعادلتين التاليتين:

- الكفاءة = المخرجات ÷ المدخلات > واحد صحيح
- الكفاءة = إجمالي العائد ÷ إجمالي التكاليف > واحد صحيح

ثانيا: الفعالية Effectiveness:

لغويا يشتق لفظ الفعالية من فعّال أو نافذ المفعول، ويأتي من الفعل فعل فعلا، وافتعل الشيء: أي ابتدعه والاسم منه الفعل، كما تعني أيضا الأمر الفعّال أو نافذ المفعول والتأثير.

توضح التعريفات المتاحة عن مصطلح الفعالية أنه يعني:

1- حسن اختيار العناصر الملائمة لتحقيق النتائج المقررة.

2- القدرة على تحقيق النتيجة المقصود طبقا لمعايير محددة سلفا.

3- تحقيق النتائج أو الوصول إلى الأهداف Reaching Goals.

4- درجة استجابة مخرجات النسق - سواء سلع أو خدمات - لمطالب واحتياجات المجتمع أو الملأ.

هذا، ويمكن قياس الفعالية من خلال المعادلة التالية:

- الفعالية = النتائج ÷ الأهداف > واحد صحيح

هذا، وعندما تنجح الإدارة في تحقيق الكفاءة والفعالية تصبح الإدارة جيدة، وعندما تنجح واحدة وتفشل الأخرى تصبح متوسطة، وعندما تفشل في الناحيتين معا تصبح الإدارة سيئة.

والشكل رقم (6) يوضح ذلك:

الكفاءة (الاستفادة من الموارد)	فعال	غير فعال
كفء	كفء فعال **إدارة جيدة**	كفء غير فعال **إدارة ضعيفة**
غير كفء	غير كفء فعال **إدارة متوسطة**	غير كفء غير فعال **إدارة سيئة**

الفعالية (تحقيق الأهداف)

شكل رقم (6)

الإدارة بين الكفاءة والفعالية

استقصاء: هل أنت إداري جيد؟

الإدارة علم وفن توفير التعاون والتنسيق بين العناصر البشرية والموارد المالية والمادية لتحقيق الأهداف بصورة رشيدة، أي في أقل وقت وجهد وتكاليف.

ويواجه الإداري في حياته اليومية، ومن خلال ممارسته لوظائفه المختلفة، العديد من المشكلات التي تتراوح بين البساطة والتعقيد. ولمواجهة هذه المشكلات بكفاءة وفاعلية، لابد من أن تتوافر لديه مجموعة من السمات والمهارات وفن التعامل مع الآخرين، والتفكير الابتكاري، وكذلك الثقة في النفس، المرونة في أداء العمل، القدرة على التنظيم، وفهم الآخرين ودوافعهم، والأخذ بزمام المبادرة دائما .. وسعة الأفق.

إذا أردت أن تعرف هل أنت إداري جيد أم لا، هنا أسئلة للإجابة عنها:

الاستقصاء :

1- هل لديك الرغبة في التفوق والتميز؟

نعـم ❑ أحيانا ❑ لا ❑

2- هل لديك قدرة واضحة على تنظيم العمل؟

نعـم ❑ أحيانا ❑ لا ❑

3- هل تتصف بالمرونة في أداء العمل؟

نعـم ❑ أحيانا ❑ لا ❑

4- هل أنت مخلص للإدارة أو للمؤسسة التي تعمل فيها؟

نعـم ❑ أحيانا ❑ لا ❑

5- هل أنت راض عن إدارة شئون مكتبك؟

نعـــم ☐   أحيانا ☐   لا ☐

6- هل تحافظ على وعودك للعملاء؟

نعـــم ☐   أحيانا ☐   لا ☐

7- هل أنت لطيف مع زملائك؟

نعـــم ☐   أحيانا ☐   لا ☐

8- هل أنت لطيف مع العملاء؟

نعـــم ☐   أحيانا ☐   لا ☐

9- هل تعمل بجد ونشاط؟

نعـــم ☐   أحيانا ☐   لا ☐

10- هل من السهل التحدث إليك أو مقابلتك؟

نعـــم ☐   أحيانا ☐   لا ☐

11- هل تنصت إلى الآخرين باهتمام وتفهم؟

نعـــم ☐   أحيانا ☐   لا ☐

12- هل تدرس لتزيد معلوماتك عن مهنتك؟

نعـــم ☐   أحيانا ☐   لا ☐

13- هل حديثك مع الآخرين بسيط ومباشر؟

نعـــم ☐   أحيانا ☐   لا ☐

14- هل تجد متعة في التخطيط المسبق للمهام الموكلة إليك؟

نعـــم ☐   أحيانا ☐   لا ☐

15- هل تصدر القرارات بعد جمع المعلومات المطلوبة واستشارة العاملين معك في المؤسسة؟

نعـم ❑ أحيانا ❑ لا ❑

16- هل تفرح عندما ينجح الآخرون؟

نعـم ❑ أحيانا ❑ لا ❑

17- هل توحي بالثقة إلى الآخرين؟

نعـم ❑ أحيانا ❑ لا ❑

18- هل تثق في العاملين معك في المؤسسة؟

نعـم ❑ أحيانا ❑ لا ❑

التعليمات:

1- أعط لنفسك درجتان في حالة الإجابة بـ «نعم».

2- أعط لنفسك درجة في حالة الإجابة بـ «أحيانا».

3- أعط لنفسك صفرا في حالة الإجابة بـ «لا».

4- اجمع جميع درجاتك عن جميع الأسئلة.

تفسير النتائج:

أ - إذا حصلت على 28 درجة فأكثر، فأنت شخص إداري جيد، تعرف كيف تدير من تعمل معهم. ننصحك بالاستمرار على المسار نفسه، وبأن تحاول تنمية المهارات الابتكارية لديك ولدى العاملين معك.

ب- إذا حصلت على 20 - 27 درجة، فأنت شخص إداري بدرجة متوسطة. ننصحك بمراجعة إجاباتك عن جميع الأسئلة، حتى تعرف أين مواطن الضعف في أسلوب إدارتك، وحاول أن تتغلب عليها بالإرادة والمحاولة والتدريب.

ج-   إذا حصلت على 19 درجة فأقل، فأنت شخص غير إداري، ننصحك بترك مكانك لشخص آخر أكفأ منك. لا تغضب من هذه الصراحة، فهذه النصيحة القاسية ستنقذك من فقد عملك نهائيا، وتنقذ المؤسسة التي تعمل فيها من خسارة كبيرة.

أفكار عظيمة في الإدارة:

دروس إدارية Management Lessons:

لقد استخلص W. Jack Duncan مؤلف كتاب «أفكار عظيمة في الإدارة» عدة دروس هي نتاج خبرات طويلة لمجموعة من المؤلفين والباحثين والممارسين لعلم الإدارة، ويرى المؤلف أن هذه الدروس هامة جدا لجميع المديرين، ويجب عليهم الاستفادة منها في عملهم. والآتي عرض موجز لهذه الدروس.

الدرس الأول: التنسيق والصراع

الإدارة هي علم وفن تنسيق Coordination الموارد البشرية وغير البشرية لتحقيق أهداف المنظمة بشكل رشيد ومخطط ويقول كثير من العلماء بأن الحاجة إلى التنسيق كانت العامل المحوري أو الرئيسي في ظهور الإدارة كمهنة Profession معترف بها.

والتنسيق هو المبدأ الأول للتنظيم Organization كأحد الوظائف الرئيسة للإدارة. ويقصد بالتنسيق تحديد وتصنيف الوظائف والتقسيم التنظيمي للمنشأة، وذلك منعا للتكرار والازدواج والتداخل والتضارب، ليتم تحقيق الأهداف والمهام في تناسق وتناغم وانسجام.

أما بالنسبة للصراع Conflict فيقصد به نزاع مباشر ومقصود بين طرفين (أفراد/ جماعات/ منظمات..) من أجل هدف واحد، والسعي من أجل المكانة والقوة والموارد النادرة.

والصراع ليس فقط نقمة بل قد يكون أحيانا نعمة، فكما أنه قد يؤدي إلى فقدان الاتجاه وهبوط الكفاءة وقلة الاستمتاع بالعمل، إلا أنه قد يؤدي إلى الابتكار Innovation وظهور أفكار جديدة وإحداث التغيير.

الدرس الثاني: الكرامة والواجب

إن تحقيق الكرامة الإنسانية Human Dignity في العمل شيء هام، وذلك عن طريق عدة طرق منها:

1- وضع الشخص المناسب في المكان والوظيفة المناسبة.

2- احترام Respect الشخص ومعاملته على أنه كائن إنساني وليس ترس في عجلة الإنتاج أو آلة العمل.

3- إتاحة فرص المشاركة Participation للعاملين في عمليات صنع القرار والاتصالات وإحداث التغيير ومراقبة الجودة.

4- تدريب Training العاملين قبل وأثناء العمل.

أيضا على العاملين في المقابل أن يحافظوا على كرامتهم من خلال قيامهم بالواجبات Duties المطلوبة والمتوقعة منهم بشكل أمين ومنصف لتحقيق أهداف المنشأة.

الدرس الثالث: الكفاءة والتغيير

الكفاءة Efficiency يقصد بها قدرة المنظمة على تحقيق الأهداف التي وجدت من أجلها، وهل الناتج المتوقع الحصول عليه من المنظمة يزيد على الجهد والوقت والموارد المتوقع بذلهم. والكفاءة إحدى القيم أو المفاهيم الجيدة التي جاءت بها الإدارة العلمية.

وهذه الكفاءة مكنت من إيجاد الحلول التي تحقق كسب الطرفين (أصحاب الأعمال والعاملين) للنزاع الذي ينشب بينهما من الحين إلى الآخر.

أما التغيير Change فهو سنة الحياة، فكل شيء يتغير. والتغيير هام جدا لأي منظمة، وعليها أن تتغير حتى يكتب لها البقاء والاستمرار.

فعلى سبيل المثال: هناك السوق الذي يقوم على اقتصاد التنافس، وظهور متطلبات ورغبات جديدة للمستهلكين، وظهور تكنولوجيا جديدة، وظهور منافسين جدد.

والتغيير حتى ينجح يجب أن يتوفر له عدة مقومات نذكر منها:

1- جمع المعلومات.

2- توفير مناخ التغيير.

3- الحرية والابتكار والمشاركة.

4- تقليل مقاومة التغيير.

5- التخطيط.

الدرس الرابع: الهدف والقدرية

يوجد لدى المديرين خياران: إما أن يحددوا الأهدافِ Aims ويعملون في ضوئها، أو أن يتركوا أنفسهم للقدرية. والمدير الناجح يختار دائما الخيار الأول.

إن المديرين كثيرا ما يجدون أنفسهم منغمسين في الأحداث اليومية وأنشطتها العاجلة والملحة والطارئة، مما يؤدي إلى ضعف قدرتهم على النظرة الشاملة الكلية للصورة، والي قلة الوقت المخصص لذلك، ومن الطبيعي أن نتعامل مع ما هو عاجل وطارئ، ولكن هذا ليس من الإدارة السليمة، بينما النصيحة التي يمدنا بها تاريخ الإدارة هو ضرورة التفكير الدائم في أهداف المنظمة وصياغتها وتوصيلها إلى من يهمهم الأمر.

والمدير الناجح هو الذي يدير الأمور في ضوء الأهداف اليومية وليس بشكل عشوائي وارتجالي أو كرد فعل للأحداث اليومية، فالمدير يسير الأمور وليس العكس.

الدرس الخامس: العقلانية والضعف البشري

البشر بحكم طبيعتهم ضعفاء في كثير من الأمور، فللقدرات البشرية حدود، ولسوء الحظ فإن بعض المديرين يتصرفون كما لو كانت معرفتهم بالموقف أو بالمشكلة كاملة تماما، ويتخذون القرارات على هذا الأساس، بينما البعض الآخر ينكرون أو يستبعدون المعلومات التي تقع خارج نطاق معرفتهم.

كلا هذين النمطين من المديرين يتصف بالسذاجة والخطورة.

والدروس المستفادة هنا هو أن المديرين يجب أن يكونوا باحثين ويجمعون أكبر قدر من المعلومات Information والبيانات Data المتعلقة بقراراتهم وأن يكونوا عقلانيين في تحديد الأهداف وفي عمليات صنع القرارات في ضوء المعرفة السليمة للموقف أو المشكلة.

الدرس السادس: المسئولية والسلوك غير المسئول

عندما يقوم الناس وخاصة المديرين بخرق القوانين وعدم تحمل المسئولية الاجتماعية Social Responsibility وإلى ممارسة السلوك غير المسئول، فإن المجتمع كله قد يتعرض للانهيار.

وهناك مجموعة من الإرشادات في هذا الشأن يمكن اتباعها لرقابة المنظمة من السلوك غير المسئول اجتماعيا نذكر منها:

1- وضع ميثاق شرف أو أخلاقي Code of Ethics للمنظمة، يشارك في صياغته ووضعه جميع العاملين بالمنظمة.

2- ضرورة الاهتمام بعمليات انتقاء واختيار العاملين في المنظمة.

3- أن تتضمن البرامج التدريبية للعاملين بالمنظمة موضوعات عن الأمانة والصدق والمسئولية والواجب ومعايير السلوك المسئول.

4-   وللأسف هناك بعض المديرين يعزلون أنفسهم عن الواقع اليومي، ويجلسون معظم وقت العمل في مكاتبهم المكيفة. إن السلوك غير المسئول يصبح حدوثه أكثر احتمالا عندما يفقد المديرون اتصالاتهم بالعاملين والعملاء وبالمستهلكين وبالمنافسين وبالجماعات الأخرى التي تتعامل معها منظماتهم.

5-   أن يكون المديرين قدوة ونموذج Model يحتذي به على مستوى الاتجاه والسلوك أو على مستوى الكلمة والممارسة أمام العاملين والجماعات الأخرى وذلك في الالتزام بميثاق الشرف أو الأخلاقي للمنظمة.

الدرس السابع: الإدارة علم وفن

ثار جدل كثير حول كون الإدارة علم Science أم فن Art. وتم إضاعة الوقت الكثير في ذلك بدون معنى. والخلاصة هي أن الإدارة علم وفن معا بدون سيطرة جانب على آخر.

فالإدارة لابد أن تستند على نوع من الأساس العلمي عند دراستها وممارستها. وفي نفس الوقت يجب على المدير أن يكون فنانا بحكم أنه يتعامل مع العنصر البشري، ومع جوانب غيبية أو ميتافيزيقية في المنظمة (مثل: تراث المنظمة)، ومع رموز وأساطير يستعصى على التحليل العلمي بمفهومه التقليدي أن يعطي لنا الإجابة الشافية. بل أن كثير من النظريات العلمية في الإدارة عندما وضعت موضع التنفيذ، وجد أنها تعاني من خلل في تكوينها.

الدرس الثامن: التخصص والمعنى

عملية التخصص وتقسيم العمل كانت أحد الأسباب الرئيسية في ظهور منظومة المصنع. وعملية التخصص وتقسيم العمل هذه تحتاج إلى تنسيق مهام متلفة وأحيانا

متباعدة لتوحيدها من أجل نتيجة نهائية أما سلعة Good أو خدمة Service. ولقد أدت هذه العملية إلى زيادة الإنتاجية وتحسين الجودة بل بفراغ لم يسبق له مثيل. إلا أنه عندما تزداد عمليات التخصص وتقسيم العمل بشكل يجعل الوظائف متناهية الصغر، ويفقد العامل/ الموظف الانفعال بالعمل، ولا تتضح العلاقة بين العامل والمنتج النهائي... فإن العاملين سيصابون بالملل والرتابة والإرهاق والتغيب وتزداد إصابات العمل وتقل جودة المنتج بل وتقل الإنتاجية.

والدرس المستفاد هنا هو أهمية التخصص وتقسيم العمل في تحقيق إنتاجية أكثر، وأننا سنستمر في ذلك، ولكن علينا أن نصمم الوظائف والأعمال بشكل لا يجعلها تفقد المعنى والمضمون منها، وأن نقلل من معدلات الاغتراب Alienation التي يعاني منها العاملون من خلال عدة طرق منها:

1- زيادة مشاركة العاملين في حياة المنظمة بكافة أشكالها.

2- الاهتمام بتوضيح العلاقة بين العامل وزملائه والنتيجة النهائية (سواء كنت سلعة أو خدمة).

3- الاهتمام بالتنظيم غير الرسمي بالمنظمة.

4- زيادة نسبة الإنفاق على الخدمات الاجتماعية.

أخيرا هناك بلا شك دروسا إدارية أخرى هامة يجب علينا أن نعرفها ونتعلمها، فالحياة لا تتوقف والخبرات لا تنتهي.

الفصل الثالث

الحاجات الإنسانية -1-

أشتمل هذا الفصل على:

- **مقدمـة.**
- **مفهوم الحاجات.**
- **خصائص الحاجات.**
- **أنواع الحاجات.**
- **شروط إشباع الحاجات الإنسانية.**
- **وسائل إشباع الحاجات.**

الفصل الثالث

الحاجات الإنسانية -1-

مقدمــة :

الحاجة Need تعتبر من العوامل المحفزة على السلوك، ويجب على من يرغب في ملاحظة السلوك أن يتعرف أولا على ما وراء هذا السلوك، أو بعبارة أوضح أن دراسة حركة الفرد تستلزم قدرا من الاحتياجات الإنسانية أو دوافعها.

بمعنى أن الحاجات تؤثر في السلوك الإنساني، والشخصية تتأثر بصورة مباشرة أو غير مباشرة بالطرق والأساليب التي يشبع بها الفرد حاجاته.

إن فهم الحاجات خطوة هامة ورئيسية لفهم السلوك الإنساني وبالتالي نحو فهم الشخصية.

مفهوم الحاجات :

الحاجة Need هي وضع طبيعي وميل فطري يدفع الإنسان إلى تحقيق غاية ما داخلية أو خارجية، شعورية أو لا شعورية. ويعرفها ميشيل مان Michael Mann بأنها رغبة أو مطلب أساسي لدى الفرد يريد أن يحققه لكي يحافظ على بقائه وتفاعله مع المجتمع وقيامه بأدواره الاجتماعية.

ويعرف حسن محمد خير الدين وآخرين الحاجة بأنها حالة من النقص تقترن بنوع من الضيق والقلق والتوتر لا يلبث أن يزول متى قضيت الحاجة وزال النقص.

وإذا لم تشبع الحاجة يحدث نوع من الاضطراب والاختلال الفسيولوجي أو النفسي أو الاجتماعي بالنسبة للفرد يدفعه للقيام بعمل ما لإشباع هذه الحاجة. ولذلك يعرف البعض الحاجة بأنها: حالة من التوتر أو عدم الإشباع يشعر بها فرد معين وتدفعه إلى العمل من أجل بلوغ هدف يعتقد أنه سوف يحقق له إشباعا يُنهي حالة التوتر وحالة عدم الإشباع التي يمر بها. وليس من الضروري أن ينطوي إشباع الحاجة على بقاء الفرد أو المحافظة على حياته ووجوده، فقد يشعر الإنسان برغبة في شيء أو الحاجة والافتقار إلى شيء معين قد يكون في إشباعها أذى وضرر له.

وهناك من التعريفات ما يوضح العلاقة بين الحاجات والموارد Resources في المجتمع. مثل هذه التعاريف ترى أن الحاجات الإنسانية تشير إلى «تلك الموارد التي يحتاجها الناس كأفراد من أجل المحافظة على الحياة والاستمرار فيها ومن أجل التمكن من الأداء الاجتماعي المناسب في المجتمع».

خصائص الحاجات :

يمكن تحديد بعض خصائص الحاجات في الآتي:

1- **الحاجات لا نهائية:** بمعنى أن حاجات الإنسان لا تنتهي أبدا، فإذا ما قدر للإنسان إشباع حاجات معينة برزت له حاجات أخرى فيعمل على إشباعها، وما أن يتم له ذلك حتى تبرز له حاجات أخرى وهكذا. بل إن الإنسان في كثير من الأوقات إذا ما حقق درجة معينة في إشباع حاجة محددة جرى لتحقيق درجة إشباع أعلى لهذه الحاجة.

2- **الحاجات متجددة:** بمعنى أن الحاجة لا تزول تماما بل تتجدد بعد فترات متفاوتة. فمثلا الحاجة إلى الطعام تختفي بعد تناول الطعام إلا أنها لا تلبث أن تعود بعد بضع ساعات.

3- **الحاجات متنوعة:** فهناك على سبيل المثال حاجات مادية وأخرى معنوية وهناك حاجات نفسية واجتماعية وجسمية وعقلية.

4- **تختلف درجة أهمية الحاجات من حاجة إلى أخرى:** فالحاجات الأساسية مثل الحاجة إلى الهواء والماء والطعام والملبس والمسكن حاجات لا يمكن الاستغناء عنها بل إن عدم إشباعها يؤدي إلى هلاك الإنسان. وهناك حاجات أخرى يمكن اعتبارها حاجات ثانوية بالمقارنة مع الحاجات السابقة وهذه تشمل الحاجة إلى التعليم والحاجة للحصول على مركز أو مكانة اجتماعية. فمثل هذه الحاجات على أهميتها لا يؤدي عدم إشباعها إلى هلاك الإنسان وإن كان إشباعها يجعل حياته أفضل بكثير مما إذا لم تشبع.

5- **تدرج الحاجات:** ويشرح ذلك ماسلو Maslow فيقول إن الإنسان لا يهتم بإشباع حاجته التي تقع على مستوى عال في الترتيب إلا بعد أن يكون قد أشبع الحاجة التي يكون ترتيبها على المستوى الأدنى. فعلى سبيل المثال الإنسان لن يبحث عن إشباع حاجته إلى الأمن أو الحاجة إلى المركز والمكانة إلا عندما يكون قد أشبع أولا حاجاته الفسيولوجية مثل الحاجة إلى الهواء والماء والطعام وهكذا.

6- **اختلاف أهمية الحاجات باختلاف مراحل النمو عند الإنسان:** فالحاجات تختلف بالنسبة للفرد الواحد باختلاف المراحل العمرية التي يمر بها في فترة حياته. ففي مرحلة الطفولة ينصب اهتمام الطفل على إشباع الحاجات الأساسية كالمأكل والملبس ومن ثم إلى إشباع حاجته للعب والقفز والجري في حين نجد أنه في مرحلة المراهقة ينصب اهتمام الشاب بعد إشباع حاجاته الأساسية إلى البحث عن وسيلة لإشباع

حاجته إلى الحب والظهور والاستقلال. فإذا ما انتقل هذا الشاب إلى فترة الرشد نجده يصب اهتمامه في البحث عن إشباع حاجته إلى الاستقرار والعمل وتكوين أسرة وتحقيق الذات والحاجة إلى المركز والمكانة.

7- **اختلاف الحاجات باختلاف الأفراد والمواقف والثقافات والمجتمعات.**

8- **إن إشباع الحاجات كما يرى ماسلو يتبع نوعا من النظام فمثلا لابد من تخطي قمة إشباع الحاجات المبكرة قبل أن تبدأ محاولة الحاجات التالية في الترتيب في تولي مهمة القيام بدورها.** بمعنى أنه متى فرغ الإنسان من إشباع حاجاته على المستوى الأدنى تحرك اتجاه أعلى ليشبع حاجات على مستوى أرفع وذلك بعد أن أصبحت مهمة إشباع الحاجات الأولى تشغل عنده مكانة أقل أهمية في حياته.

9- **تختلف وسائل إشباع الحاجة من شخص لآخر، ومن مرحلة نمو لأخرى، ومن ثقافة ومجتمع لآخر، بل ومن زمن لآخر.**

أنواع الحاجات:

إن اختلاف الحاجات وتعددها وتنوعا جعل من الصعب تحديدها تحديدا شاملا. ولذلك كما سنرى هناك تصنيفات عديدة لحاجات الإنسان سوف نشير إلى بعضها على النحو التالي :

التصنيف الأول :

هذا التصنيف يقسم الحاجات إلى نوعين :

1- **حاجات أساسية** Basic Needs مثل الحاجة للهواء والماء والطعام والملبس والمسكن والجنس بعد البلوغ.

2- **حاجات ثانوية** Secondary Needs وهي حاجات غير أساسية في حياة الإنسان

وإن كانت مهمة جدا لحياته مثل الحاجة إلى الحب والتقدير والحصول على المكانة الاجتماعية وتحقيق الذات.

التصنيف الثاني :

هذا التصنيف يقسم الحاجات إلى قسمين أيضا هما :

1- **حاجات مادية** مثل الحاجة إلى المأكل والملبس والمسكن.

2- **حاجات معنوية** مثل الحاجة إلى الحب والتقدير والمكانة والاحترام والأمن والعلاقات مع الآخرين.

التصنيف الثالث :

لقد وضع إبراهام ماسلو Abraham Maslow (1943) الحاجات الإنسانية في شكل هرمي ذي ست مراتب أو مستويات سيتم شرحها لاحقا عند الحديث عن نظريات الدافعية والتحفيز.

التصنيف الرابع :

حدد كل من جونسون وشوارتز Johnson & Schwartz الحاجات الإنسانية في خمس حاجات مرتبة على النحو التالي :

1- المأكل والملبس والمسكن.

2- البيئة التي تحقق الأمن والسلامة وتوفر الرعاية الصحية اللازمة في الظروف العادية والطوارئ.

3- تكوين العلاقات الاجتماعية مع الآخرين بما يحقق الحب المتبادل والانتماء للجماعة واستثمار القدرات المختلفة لهم في تحقيق أهدافهم المشتركة.

4- المشاركة في عمليات صنع القرارات بالمجتمع.

5- الحاجة إلى تحقيق وإثبات الذات.

وبمقارنة هذه الحاجات مع تلك التي وردت في التصنيف السابق نجدها متقاربة إلى حد بعيد.

التصنيف الخامس :

هناك أيضا تصنيف آخر يضع الحاجات الإنسانية في خمس مجموعات مرتبة على النحو التالي:

1- **حاجات فسيولوجية:**

وهي تلك الحاجات اللازمة لحياة الإنسان مثل الحاجة إلى الهواء والماء والمأكل والملبس والمسكن. كذلك الحاجة إلى ممارسة الرياضة والحاجة إلى الرعاية الصحية المناسبة.

2- **حاجات نفسية:**

وهي مجموعة من الحاجات لإشباع رغبات ومطالب نفسية محددة كالحاجة إلى الأمن والأمان والحاجة إلى الحب والانتماء والحاجة إلى النجاح.

3- **حاجات اجتماعية:**

وهي تلك الحاجات الناشئة عن التفاعل الاجتماعي واحتكاك الفرد بأقرانه في المجتمع مثل الحاجة إلى التقدير والحاجة إلى الاحترام والحاجة إلى الوصول لمركز معين في المجتمع والحصول على مكانة محددة. ويندرج تحت هذه الحاجات أيضا الحاجة إلى الانتماء لجماعات مختلفة والحاجة إلى القيادة أو الرئاسة.

4- **حاجات عقلية:**

وتندرج تحت هذا النوع من الحاجات إلى المعرفة والفهم والحاجة إلى تنمية القدرات الابتكارية.

5- **حاجات روحية:**

وتشمل فيما تشمل الحاجة إلى تحقيق وإثبات الذات والحاجة إلى التدين والإيمان بشيء أو فكرة أو بعقيدة.

التصنيف السادس:

ويشمل تصنيفا للحاجات يرتبط بالتخطيط لإشباع هذه الحاجات، ويتضمن هذا التصنيف أربع فئات من الحاجات نظريا، هي كالتالي :

1- **الحاجات المعيارية Normative Needs :**

وهي المعايير المرغوب في تحقيقها (عادة من جانب الخبراء) مثل: عدد الأسرّة في بيت النقاهة، أو الخدمات المنزلية أو عدد المراكز الصحية أو عدد الأسرّة في المستشفيات لكل ألف أو أكثر من السكان. حيث يتم مقارنة هذه المستويات بمستويات الخدمات القائمة، وكلما نقصت الخدمات القائمة عن هذا المستوى، قيل أن هناك حاجة لهذا القدر.

2- **الحاجات المدركة Perceived Needs:**

وهي تلك الحالات التي يشعر بها الناس، أي ما يرغب الناس في تحقيقه، وهناك مسألتان تتصلان بتحديد الحاجات المدركة، هما:

أ - تتأثر الحاجات المدركة بمؤشرات المجتمع المحلي مثل: درجة المعرفة والوعي بالخدمات القائمة والاتجاهات نحو مقدمي الخدمات وبدرجة تغطية الخدمة المقدمة.

ب- عملية تحديد الحاجات التي يدركها الناس تُؤدي في ذاتها عادة إلى خلق طلب جديد على الخدمة، وخلق توقعات من جانب الناس، وإذا لم يستطع المخططون توفير مثل تلك الخدمات، فإنهم بذلك يمكن أن يوجدوا شعورا بالإحباط لدى من أجروا المقابلات معهم.

3- **الحاجات المعلنة Expressed Needs :**

وهي الحاجات المدركة مترجمة في شكل طلب من جانب العملاء، فالحاجة هنا تعرف بأنها عدد المتقدمين لطلب الخدمة. أما الحاجة غير المشبعة فهي القطاع الذي لم يمكن تلبية طلبهم بسبب قصور الموارد، ورغم أهمية مثل تلك الإحصاءات، فإنه لا يمكن القول بأنها تصور بدقة الحاجات المجتمعية، وهناك أدلة كافية لإثبات أن الحاجات المعلنة لا تمثل إلا الجزء الصغير الممكن رؤيته من جيل الحاجات غير الظاهرة.

4- **الحاجات المقارنة أو النسبية Comparative or Relative Needs:**

يمكن قياس الحاجات بتحليل خصائص أولئك المستفيدين حاليا من الخدمات. فإذا ما وجد أن هناك آخرين ذوي خصائص مشابهة لا يتلقون الخدمة، يمكن اعتبار أن هؤلاء لهم حاجة، ويمكن استخدام هذه الطريقة في تقدير حاجات قطاعات من السكان. أو المناطق الجغرافية، حيث تعرف الحاجة بأنها الفجوة التي تفصل ما بين الخدمات القائمة في منطقة ما بعينها، وما بين الخدمات التي تقدم في منطقة أخرى، بعد أخذ الفرق في خصائص السكان في الاعتبار.

شروط إشباع الحاجات الإنسانية:

ولإشباع الحاجات الإنسانية لا بد من توفر ثلاثة شروط هي :

1- **الحرية Freedom :**

ونعني بالحرية أن الإنسان يستطيع أن يفعل ما يريد دون أن يضر بنفسه وبالآخرين. فالإنسان لا بد أن تتوفر لديه - على سبيل المثال - حرية التحدث وحرية التعبير عن نفسه وحرية القيام بعمل ما وحرية البحث عن المعرفة والحصول عليها وحرية الدفاع عن نفسه .

2- **المعرفة Knowledge:**

إن وجود أي خلل يعرقل عملية البحث عن المعرفة والحصول عليها واستخدامها، سيؤدي - بلا شك - إلى خطر جسيم يهدد محاولات الإنسان في إشباع حاجاته.

3- **الموارد Resources:**

هناك علاقة وثيقة بين الحاجات والموارد، فبدون الموارد لا يمكن إشباع الحاجات، وفي ضوء ندرة الموارد في كثير من الأحيان، فإن إشباع الحاجات لن يصل إلى المستوى المطلوب، أو أنه سيتم إشباع بعض الحاجات وترك بعض الحاجات الأخرى ..

وسائل إشباع الحاجات:

هناك وسائل عديدة ومتنوعة لإشباع الحاجات، تختلف من شخص لآخر ومن مرحلة نمو لأخرى، ومن ثقافة ومجتمع لآخر، بل ومن زمن لآخر. أيضا هذه الوسائل قد تكون مشروعة (مثل الاجتهاد والمثابرة والسعي والعمل..) أو غير مشروعة (مثل السرقة والعدوان وعدم الأمانة والغش..).

ولكل حاجة وسيلة أو أكثر لإشباعها قد تختلف من حاجة إلى أخرى، فالحاجات الفسيولوجية يتم إشباعها عن طريق الأجور ونظم التأمينات الاجتماعية والضمان الاجتماعي والزواج وخدمات الإسكان.. والحاجة إلى الأمن والأمان يتم إشباعها من خلال وجود فرصة العمل وتكوين الأسرة وإنجاب الأبناء والادخار والتأمين على السيارة والمنزل ومراعاة نظم الأمن والسلامة ضد الحريق والسرقة وخدمات المعاش بعد سن الستين، وما تقوم به الشرطة من حفظ الأمن في البلاد.

الفصل الرابع
الحاجات الإنسانية -2-

أشتمل هذا الفصل على:

- 📖 مسئولية المنظمة في إشباع حاجات العاملين بها.

- 📖 أسباب عدم إشباع الحاجات.

- 📖 علاقة الحاجة بالمشكلة.

- 📖 استقصاء: قياس الحاجات الإنسانية.

- 📖 استقصاء: القدرة على تحديد سلم الاحتياجات.

الفصل الرابع

الحاجات الإنسانية -2-

مسئولية المنظمات في إشباع حاجات العاملين بها:

ومن أهداف المنظمات مساعدة العاملين بها على إشباع حاجاتهم المشروعة بطريقة علمية ومنظمة وسليمة. والنتيجة المترتبة على ذلك هي وقاية هؤلاء العاملين من الأمراض والمشكلات.

هذا وتقوم المنظمات بتقديم برامج عديدة لإشباع الاحتياجات المشروعة لدى العاملين مثل : برامج التغذية في بيئة العمل، وبرامج التأمينات الاجتماعية، والتكافل الاجتماعي، وبرامج الإسكان، والترويح الهادف..

أسباب عدم إشباع الحاجات:

هناك أسباب عديدة وراء عدم إشباع الحاجات نذكر منها :

1- ضعف في مقدرة الفرد أو الجماعة أو المجتمع في التحرك لعمل شيء ما لإشباع الحاجات.

2- الاغتراب Alienation والذي يقصد به البعد والبعاد والغربة واللامعيارية Anomie والانفصال Separation والعزلة Isolation . والاغتراب نوعان هما:

أ - الاغتراب الذاتي : وهو اغتراب الشخص عن ذاته أو نفسه.

ب- الاغتراب الموضوعي: وهو اغتراب الشخص عن الآخرين، وعن العمل الذي يقوم به، وعن المكان الذي يعيش فيه، وعن المنظمة التي يعمل بها، وعن السياسة والثقافة والمجتمع الذي يعيش فيه.

3- عدم الاهتمام بالاحتياجات الواقعية الحقيقية من جانب المخططين.

4- عدم الاهتمام بمشاركة المواطنين Citizen Participation.

5- قلة الموارد أو سوء استخدامها.

6- عدم وجود تخطيط أو سوء التخطيط القائم بما لا يحقق المواءمة الرشيدة Rational بين الحاجات والموارد.

علاقة الحاجة بالمشكلة:

المشكلة ببساطة تعني حاجة غير مشبعة أو أشبعت بطريقة غير كافية، أو أشبعت بأسلوب غير ملائم أو غير مشروع. ويضيف ماسلو أن عدم إشباع الحاجات الفسيولوجية سيؤدي إلى اضطرابات أو أمراض عضوية Organic Sickness، وعدم إشباع الحاجات النفسية والاجتماعية (مثل الحاجة إلى الأمن والأمان والحاجة إلى الحب والتقدير) يؤدي إلى اضطرابات نفسية Psychological Sickness كما أن عدم إشباع الحاجات الروحية (مثل الحاجة إلى تحقيق الذات) فإنه يؤدي إلى ظهور اضطرابات روحية Soul Sickness .

استقصاء
قياس الحاجات الإنسانيــة

في برنامج تدريبي لجمعية إدارة الأعمال العربية عن «إدارة الحوافز»، قدم جلال محمد عبدالمنعم شمس الاستقصاء التالي، والذي يمكن أن يساعدك على قياس الحاجات الإنسانية لديك ومعرفة ترتيب هذه الحاجات حسب درجة أهميتها في الوقت الحالي.

العبارات التالية لها سبع استجابات مختلفة تتراوح بين أوافق تماما، لا أوافق إطلاقا.. ضع علامة (✓) في الخانة التي تطابق استجابتك لكل عبارة منها.

م	العبارة	أوافق تماما 3+	أوافق 2+	أوافق إلى حد ما 1+	لا أعرف 0	أوافق إلى حد ما 1-	لا أوافق 2-	لا أوافق إطلاقاً 3-
1	يجب أن يرتبط منح العلاوات والمكافآت الاستثنائية بأداء الأعمال على خير وجه.							
2	تحديد المهام والمسئوليات الخاصة بكل وظيفة بدقة يساعد الموظفين على معرفة المطلوب منهم تماما.							
3	لابد من تذكير الموظفين باستمرار بأن تقدمهم في وظائفهم رهن بمقدرة المؤسسة التي يعملون فيها على تحقيق أهدافها.							
4	على القائد الإداري أن يولي قدرا كبيرا من الاهتمام بظروف العمل المحيطة بمرؤوسيه.							

م	العبارة	أوافق تماما 3+	أوافق 2+	أوافق إلى حد ما 1+	لا أعرف 0	أوافق إلى حد ما 1-	لا أوافق 2-	لا أوافق إطلاقاً 3-
5	تنمية جو المودة والتعاطف بين المرؤوسين يعتبر أحد المهام الرئيسية للقائد الإداري.							
6	عدم الاعتراف بأهمية الفرد عند قيامه بأعمال متميزة يؤثر على كفاءته في العمل.							
7	عدم اهتمام القائد الإداري بالنواحي الإنسانية في العمل غالبا ما يؤدي إلى جرح إحساس مرؤوسيه.							
8	يرغب الموظفون في الإحساس باستمرار بأنه يتم الاستفادة بقدراتهم ومهاراتهم في العمل بوظائفهم							
9	أداء الموظفين يعتمد بدرجة كبيرة على المكافآت والمزايا التي تمنحها لهم جهة عملهم عند التقاعد.							
10	غالبا ما يمكن تحديد المهام الوظيفية بصورة تحفز القائم بها على الإنجاز وتثير لديه التحديات التي تشحذ مهاراته.							
11	يرغب الكثيرون من العاملين في بذل قصارى جهدهم في العمل أيا كان نوعه.							
12	يتضح اهتمام الإدارة بالموظفين من خلال اهتمامها بالأنشطة الاجتماعية التي تتبناها بعد ساعات العمل.							

م	العبارة	أوافق تماما 3+	أوافق 2+	أوافق إلى حد ما 1+	لا أعرف 0	أوافق إلى حد ما 1-	لا أوافق 2-	لا أوافق إطلاقا 3-
13	يمثل عدم اعتزاز الفرد بالعمل الذي يؤديه في حد ذاته حافزا سلبيا قد يدفعه إلى ترك العمل.							
14	الموظفون يميلون إلى الاعتقاد بأنهم أفضل من يقومون بوظائفهم ولديهم حساسية في مواجهة إثبات عكس ذلك.							
15	على الإدارة أن تعطي اهتماما كافيا للعلاقات غير الرسمية التي تدور داخل جماعات العمل وتحاول الاستفادة منها.							
16	يهتم الموظفون أساسا بالمكافآت المادية.							
17	عدم مشاركة الموظفين للإدارة في اتخاذ القرارات يثير لديهم إحساسا بعدم الاستقرار.							
18	يميل الموظفون إلى القيام بجدولة أعمالهم بأنفسهم واتخاذ القرارات الخاصة بعملهم وتقليل الإشراف عليهم إلى أقل حد ممكن.							
19	يفضل الموظف الوظائف التي توفر لهم الأمن والاستقرار حتى ولو كانت أقل جزاء من الناحية المالية عن وظائف أخرى.							

م	العبارة	أوافق تماما 3+	أوافق 2+	أوافق إلى حد ما 1+	لا أعرف 0	أوافق إلى حد ما 1-	لا أوافق 2-	لا أوافق إطلاقاً 3-
20	يستدعى إنجاز الأعمال بالطريقة المطلوبة توفير المعدات والأدوات اللازمة لها.							
21	للمكانة الوظيفة والاجتماعية التي يتمتع بها الفرد في المؤسسة دور هام في تحديد مدى التزامه بأهدافه.							
22	تلعب التأمينات التي تقدمها المؤسسة للموظفين فيها دورا بارزا في زيادة إخلاصهم للعمل.							
23	يعتبر النجاح في العمل بالنسبة لبعض الناس مصدرا أساسيا للشعور بالاعتزاز بذاتهم.							
24	شعور الموظف بالارتياح في علاقاته في العمل من العوامل الأساسية لزيادة إقباله على العمل.							
25	على القائد الإداري أن يولي قدرا كافيا من الاهتمام بالنواحي الخاصة بحياة المرؤوسين كشرط لضمان تفرغهم للعمل.							

انتقل للصفحة التالية لتفريغ الإجابات.

الإجابات

1- انقل الدرجات التي أعطيتها لكل عبارة في الاستقصاء في المكان المخصص لها في الجداول التالية ثم أجمع درجات كل جدول منها جمعا جبريا.

الأساسيـة

العبارة	الدرجة
1	
4	
16	
20	
25	
مجموع الدرجات	

الأمــن

العبارة	الدرجة
2	
3	
9	
19	
22	
مجموع الدرجات	

الاجتماعي (الانتماء)

العبارة	الدرجة
5	
7	
12	
15	
24	
مجموع الدرجات	

المركز والمكانة

العبارة	الدرجة
1	
4	
16	
20	
25	
مجموع الدرجات	

تحقيق الذات

العبارة	الدرجة
2	
3	
9	
19	
22	
مجموع الدرجات	

2- رتب في الجدول التالي ترتيبا تنازليا حسب مجموع كل منها:

المجموع	الحاجات
	1-
	2-
	3-
	4-
	5-

3- اكتب الحاجات التي حصلت فيها على أكبر المجاميع في قاعدة الهرم والحاجات التي حصلت فيها على أقل المجاميع في قمته مع مراعاة العلامات الحسابية، ثم رتب بقية الحاجات حسب مجموع كل منها. وفي حالة التساوي رجح أحداهما حسب تقديرك الشخصي، بذلك تحصل على هرم الحاجات الإنسانية التي تدفعك للعمل. الحاجات الموجودة في القاعدة تمثل الحاجات الأكثر إلحاحا ونشاطا وتأثيرا في سلوكك في الوقت الحالي، بينما الحاجات الأقرب إلى القمة تمثل الحاجات الأقل إلحاحا ونشاطا في نظرك أو الحاجات التي قد تكون مشبعة بالفعل، وبالتالي أقلها في التأثير على سلوكك الحالي.

الحاجات

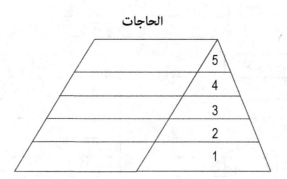

استقصاء
القدرة على تحديد سلم الاحتياجات [*]

إليك مجموعة من العبارات والمواقف والقرارات، تختلف اتجاهاتك تجاه كل منها، ضع علامة (✓) أمام الخانة التي تعتقد أنها تعبر عن موقفك.

م	العبارة	أوافق تماما 5	أوافق 4	أحيانا 3	لا أوافق 2	تماما 1
1	يختلف سلم الحاجات من شخص إلى آخر.					
2	ليست كل احتياجات المرؤوسين واحدة.					
3	تختلف أهمية الحاجات الاجتماعية بين الأفراد.					
4	كل فرد لديه مجموعة من الحاجات يسعى إلى إشباعها.					
5	الحاجات الإنسانية لا تنتهي ولا تقف عند حد معين فهي متزايدة ومتجددة دائما.					
6	حاجة الفرد للإنجاز وتحقيق الذات تمثل أعلى الحاجات التي يسعى الإنسان لتحقيقها.					
7	الحاجات التي يسعى الفرد إلى تحقيقها تخلق فيه ضغوطا تظهر أنماط من السلوك تتلائم مع حاجاته للتخلص من هذه الضغوط.					

(*) المصدر: أسامه فريد (2007).

م	العبارة	أوافق تماما 5	أوافـــق 4	أحيانـــا 3	لا أوافق 2	... تماما 1
8	عدم إشباع الحاجات أو إشباعها بطريق غير مشروع يؤدي إلى عدم توازن الفرد.					
9	تحقيق إشباع الحاجات هـو عمليـة الملاءمـة بـين الإنسـان ومجموعة الحاجات التي يسعى إلى تحقيقها.					
10	يصاب الفرد بالإحباط إذا لم يستطع إشباع حاجاته.					
11	الاهتمام بمعرفة سلم حاجات المرؤوسين يؤدي إلى تحقيـق أهدافهم وأهداف المنظمة.					
	الدرجـات					
	مجموع الدرجات	---- درجـــة				

تفسير الدرجات:

1- إذا حصلت على 36 درجة فأكثر فإن قدرتك ممتازة على تحديد سلم الاحتياجات.

2- إذا حصلت على 18 - 35 درجة فإن قدرتك جيدة على تحديد سلم الاحتياجات.

3- إذا حصلت على 17 درجة فأقل فإن قدرتك ضعيفة على تحديد سلم الاحتياجات.

الفصل الخامس

الدوافع الإنسانية

أشتمل هذا الفصل على:

- **وظائف الدوافع.**
- **أنواع الدوافع.**

الفصل الخامس

الدوافع الإنسانيـة

مقدمة:

يحتل موضوع الدوافع Motives منزلة كبيرة عند علماء النفس لأنها من العوامل التي لها أهمية سواء في التعليم أو تكيف الفرد مع بيئته الخارجية.

إن إدراك دوافع الأفراد تنير الطريق أمام الإدارات في تحفيزها للعاملين، إذ أنها تستطيع أن تضرب على الوتر الحساس، ألا وهو حاجات الأفراد التي لم يتم إشباعها بعد. لكن إدراك الإدارة لحاجات الأفراد وضرورتها لا يعني إشباعها لتلك الحاجات بمعزل عن حاجات الإدارة ذاتها، بل بالتنسيق والاندماج بين تلك الحاجات، حاجات العاملين وحاجات الإدارة معا.

كما تستطيع الإدارة أن تدفع العاملين إلى طلب المزيد من الأهداف العليا، ومن ثم تقديم العطاء الأرقى، وذلك بإفساح المجال في الترقي وفرص التقدم، وهي بذلك تشبع حاجات الذات.

تعريف مصطلحي الدوافع والحوافز:

يرى أحمد عزت راجح الدافعية Motivation بأنها العملية التي تم بها إثارة الدوافع وتعيين السلوك أي تحديد نوعه واتجاهه ومضمونه، سواء أثيرت الدوافع نتيجة لمنبهات داخلية - فسيولوجية أو نفسية - أو خارجية كالبواعث.

ويعرف عبدالغفار حنفي الدافعية بأنها تعبير عن وضع أو حالة تعتري الفرد نتيجة حاجة أو شيء خارجي. وتعتبر هذه الحاجة أو هذا الشيء الباعث أو الهدف، فهذه الحاجة مصحوبة بقوة دافعة، أو مثير قوي على سلوك الفرد، وتوجيهه نحو الهدف، وينتج عند إشباع الحاجة، وبذلك تقل القوة الدافعية أو المثير عندما يبلغ غايته.

كذلك يعرف جيرالد جرينبرج وروبرت بارون J. Greenberg & R. Baron الدافعية بأنها عملية إثارة السلوك الإنساني وتوجيهه والمحافظة عليه لتحقيق هدف معين. وحددا مكونات الدافعية في ثلاث هي:

1- الإثارة Arousal والتي تتمثل في الباعث على السلوك.
2- التوجيه Direction والذي يتمثل في توجيه السلوك نحو الهدف.
3- الاستمرارية Maintaining والتي تتمثل في الاستمرار في توجيه السلك نحو الهدف.

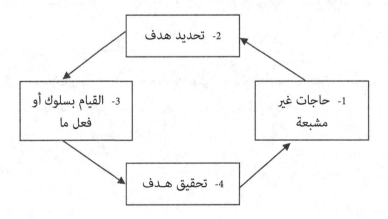

ويعرف حسن محمد خير الدين وآخرون الدافع Motive بأنه قوة أو عامل أو استعداد أو حالة داخلية، دائمة أو مؤقتة، تثير السلوك الظاهر أو الباطن - في ظروف معينة - وتواصله حتى ينتهي إلى غاية أو غايات معينة.

بمعنى أن الدوافع قوة محركة داخلية تحث الإنسان على القيام بسلوك معين لتحقيق هدف معين، منها على سبيل المثال إشباع الحاجات وحل المشكلات ... أي أن الدوافع هي تعبير عن حاجات يريدها الإنسان ويسعى إلى إشباعها. بينما الحوافز Incentives هي قوة محركة خارجية تستخدم لحث الإنسان على بذل الجهد والقيام بعمل بالشكل المطلوب والمتميز.

أيضا الحوافز هي بمثابة المقابل للأداء المتميز. فالحوافز تركز على مكافأة العاملين عن تميزهم في الأداء.

وهناك تعريفات مشابهة للحوافز هي:

1- الحافز هو إعطاء الفرد جائزة مقابل العمل الذي أنجزه.
2- الحافز هو ما ينشط السلوك ويهيئه للعمل.
3- الحافز هو تحفيز وتنشيط الفرد بطريقة ميكانيكية لتحقيق هدف معين.

المنبهات الداخلية والخارجية:

لا تستطيع المنبهات الخارجية وحدها أن تثير سلوك الفرد إن لم تتجاوب مع عوامل داخلية عنده، فرؤية الطعام لا تثير الشهية في الشبعان بل قد تثير النفور، فالمنبهات الخارجية لا تكفي وحدها لتفسير السلوك أو التنبؤ به، لأن نفس المنبهات الخارجية قد تثير السلوك في فرد بعينه تارة ولا تثير تارة أخرى، كما أنها تثير استجابات مختلفة في أشخاص مختلفة.

ويقرر حسن محمد خيرالدين وآخرون أننا لا نستطيع تفسير السلوك إلا إذا افترضنا وجود دوافع تختلف باختلاف نوع الفرد وجنسه وسنه وثقافته وحالته الجسمية والنفسية ... الخ وهذا لا ينفي وجود دوافع عامة مشتركة بين الناس جميعا أو بين من تجمعهم حضارة معينة.

ولكل دافع مهما كان نوعه حالتان: حالة الكمون وحالة النشاط. ويحتاج الدافع إلى منبه يحيله من حالة الكمون إلى حالة النشاط. ومتى نشط الدافع أصبح الفرد في حالة من الضيق والقلق والتوتر والانفعال. ولا تزول هذه المشاعر السلبية إلا بإرضاء الدافع أو توجيهه وجهة أخرى سليمة. من هذا نرى أن المنبه مؤثر عارض في حين أن الدافع استعداد يوجد لدى الفرد قبل أن يؤثر المنبه فيه.

وظائف الدوافع:

يمكن تحديد خمس وظائف سلوكية هي:

1- تنشئ السلوك.

2- تحديد مجال (اتجاه) السلوك.

3- تحديد قوة السلوك.

4- تحديد استمرارية السلوك.

5- تنهي السلوك.

أنواع الدوافع:

يقسم علماء علم النفس الدوافع النفسية إلى الأنواع الآتية:

1- الدوافع الأولية (وهي الدوافع البيولوجية) تمييزا لها عن الدوافع الثانوية (وهي الدوافع المكتسبة أو المتعلمة).

2- الدوافع الفردية أو الشخصية تمييزا لها عن الدوافع الاجتماعية.

3- الدوافع الشعورية تمييزا لها عن الدوافع اللاشعورية.

4- الدوافع الإيجابية تمييزا لها عن الدوافع السلبية.

5- الدوافع المادية تمييزا لها عن الدوافع المعنوية.

6- الدوافع النشطة تمييزا لها عن الدوافع الخامدة.

الفرق بين الدافع والحاجة والحافز:

ولتوضيح الفرق بين الدافع والحاجة والحافز ببساطة يمكن تقديم الأمثلة التالية:

● الدافع: شعور.

● الحاجة: رغبات (رغبة في فعل).

● الحافز: تلبية (رد فعل)

الحافز	الحاجة	الدافع
تقديم الماء	رغبة في الشرب	العطش
تقديم الطعام	رغبة في الأكل	الجوع
توفير الأمن والأمان	رغبة في الاطمئنان	شعور بالقلق
توفير الصداقة أو عضوية جماعات أخرى	رغبة في الانضمام إلى الآخرين	شعور بالوحدة

تحويل الرغبات إلى حوافز:

يرى دين سبتزر Dean R. Spitzer في كتابة «التحفيز الخارق» أنه يمكن تحويل الرغبات الإنسانية الثمان إلى قوى حافزة تدعم نظم الإنتاج والتخطيط والاتصال والتدريب والتقييم والمكافآت. فمتى أرسيت هذه القوى وقضيت على المثبطات أمكنك تحويل الشركة إلى مكان يعمل فيه الناس بقلوبهم وعقولهم، وليس بأيديهم فقط. ولتحويل الرغبات إلى قوى حافزة:

1- **رغبة النشاط:** اجعل العمل أكثر نشاطا والاستمتاع جزء من العمل وأضف التنوع للعمل وأطلب آراء العاملين.

2- **رغبة الملكية:** اتح للعاملين الفرصة للمساهمة في نجاح المؤسسة ومجالا أكبر للاختيار واتخاذ القرار وأعط للعاملين المسئولية عما يفعلون.

3- **رغبة السلطة:** اتح للعاملين فرصة القيام بدور قيادي وفرص للتآلف الاجتماعي.

4- **رغبة الانتماء:** وظف قوة العمل وقوى العاملين الكامنة.

5- **رغبة التمكن:** اتح فرصا للتعلم وتجاوز عن الأخطاء ووفر مقاييس موضوعية للأداء ودع العاملين ليتفوقوا على أنفسهم.

6- **رغبة الانجاز:** شجع العاملين على التطور وتحد العاملين ليتفوقوا على أنفسهم.

7- **رغبة الاحترام:** شد من أزر العاملين وأرفع من تقديرك وعرفانك.

8- **رغبة المعنى:** اشرح للعاملين أهمية وقيمة ومعنى ما يفعلون.

الدافعية والطاقة العالية:

يشير محمد عبدالغني هلال إلى أن الأشخاص المبدعون والمبتكرون يتميزون بدافعية قوية وطاقة عالية في المثابرة على العمل وحب الاستطلاع والإطلاع وجمع المعرفة وتجميع المعلومات. وكل ذلك يمثل قوة دافعة للنشاط المعرفي للإنسان.

ويبدو تأثير الدافعية على الإنسان واضحا في اتجاهين هما:

الاتجاه الأول:

وهي الدافعية الداخلية التي تنطلق من الداخل من هدف مرسوم يظهر الرغبة في البحث والمعرفة والشعور بالسعادة في اكتشاف الواقع وتقديم الأفكار الجديدة، ويؤكد هذا الدور الرئيسي والمهم للدوافع الداخلية في التفكير بشكل مبتكر ومبدع.

الاتجاه الثاني:

حيث تؤثر الظروف الخارجية المحيطة بالإنسان على حركته وحركة عقله وفكره نحو تشغيل العقل بكفاءة، مثل السعي أو الرغبة في الحصول على مكانه أو موقع أو لقب معين في المجتمع.

وليس معنى أن يكون للدافعية الداخلية دور حاسم في تشغيل العقل بكفاءة أن يكون لها السيطرة الكاملة، حيث إن ذلك يعني أن الفرد سيركز على الاهتمامات الشخصية بدلا من موضوع المعرفة. وتشغيل العقل بدرجة عالية من الكفاءة يتطلب ألا يكون من أجل مساعدة ورفاهية المجتمع المحيط، حيث يساعده أيضا لدفع عمليات التطوير والتقدم الاجتماعي من خلال تأمين متطلبات القوى الاجتماعي الصاعدة عبر ما يقدمه لها من أفكار وإنتاج جديد يسهل من استمرارها.

ويجب على المجتمعات المختلفة أن تهيئ الفرصة والظروف من أجل إثارة وتحريض

الدافعية الداخلية والخارجية للتأثير على الأفراد، حيث إنهما المحرك الرئيسي لتشغيل العقول. حيث يتضح ذلك من ظهور بعض السمات مثل العمل الجاد والرغبة في اقتحام المجهول للبحث عن الأحسن والأفضل بصورة دائمة الاستقلالية في التفكير والممارسة وعدم الخضوع للأعراف والمفاهيم الجامدة، والتحريض الدائم للفكر من أجل الخوض في المسائل الصعبة والغامضة والوضوح والوصول إلى الحقائق.

ويجب الإشارة في هذا السياق إلى ضرورة التفاعل بين الاستعدادات والاتجاهات من خلال صياغة الاتجاهات في إطار اجتماعي أخلاقي مثل الإخلاص في العمل، وحب المهنة، والمعايشة الكاملة للأداء حيث تمثل كلها دوافع ونتائج سلوكية في نفس الوقت.

وهناك عوامل سلبية تؤثر في الاتجاهات السابقة نحو صناعة برنامج فعّال لتشغيل العقل الإنساني بكفاءة، حيث تكبح أو تعيق عملية التشغيل، مثل عدم القدرة على اتخاذ القرارات والتردد والجبن وعدم الثقة بالنفس، والخوف من النقد والجمود، أو النقد المفرط للذات، والخجل.

استقصاء
القدرة على فهم دوافع الغير (*)

إليك مجموعة من التساؤلات والمواقف والقرارات، تختلف اتجاهاتك تجاه كل منها، ضع علامة (✓) أمام الخانة التي تعتقد أنها تعبر عن موقفك.

م	العبـارة	أوافق تماما 5	أوافـق 4	أحيانـا 3	لا أوافق 2	لا أوافق تماما 1
1	الـدافع يجعـل الفـرد يوجـه سـلوكه وتصرفاته تجـاه هدف معين يرغب في تحقيقه.					
2	ثقافة المجتمع والأفكـار التـي يـؤمن بهـا تـؤثر في دوافـع الأفراد.					
3	يجـب أن تـدرك الإدارة الـدافع وراء عمـل المرؤوسـين في المنظمة.					
4	تختلف الدوافع بين الأفراد وبعضهم البعض.					
5	هناك العديد من العوامل المتداخلة التـي تشـكل دوافـع العاملين.					
6	فهم دوافع المرؤوسين يـؤدي إلى إحـداث التفاعـل بيـنهم وبين المنظمة.					
7	تحقيق الأهداف يتم بشكل أسرع إذا مـا تفهمـت الإدارة لطبيعة دوافع الأفراد العاملين لديها.					

(*) المصدر: أسامه فريد (2007).

م	العبـارة	أوافق تماما 5	أوافـق 4	أحيانـا 3	لا أوافق 2	لا أوافق تماما 1
8	فهم دوافع المرؤوسين للعمـل يـؤدي إلى معرفـة أسـاليب تحفيزهم على العمل.					
9	تفهم دوافع المرؤوسين للعمل يقلل من حـدة الصراعات التي تنشأ بينهم وبين الإدارة					
10	يحتاج فهم دوافـع العـاملين إلى أنـاس متخصصـين في هـذا المجال.					
11	تحسين كفـاءة الأداء مهمـة تتطلـب فهـم دوافـع الأفـراد العاملين في المنظمة.					
	الدرجـات					
	مجموع الدرجات	**---- درجـة**				

تفسير الدرجات:

1- إذا حصلت على 36 درجة فأكثر فإن قدرتك ممتازة على فهم دوافع الغير.

2- إذا حصلت على 18 - 35 درجة فإن قدرتك جيدة على فهم دوافع الغير.

3- إذا حصلت على 17 درجة فأقل فإن قدرتك ضعيفة على فهم دوافع الغير.

الفصل السادس

نظريات الدافعية والتحفيز -1-

أشتمل هذا الفصل على:

- **مقدمـة.**
- **نظريات الدافعية والتحفيز :**

أولا : نظرية ماسلو.

ثانيا : نظرية آلدرفير.

ثالثا : نظرية ماكللند.

رابعا : نظرية هيرزبيرج.

خامسا : نظرية ماكجروجر.

الفصل السادس

نظريات الدافعية والتحفيز -1-

مقدمة:

ما الذي يدفع الإنسان إلى العمل والإنجاز والتميز؟ سؤال حاولت العديد من نظريات علم النفس وعلم الإدارة الإجابة عنه.

وسيحاول الفصلان السادس والسابع إلقاء الضوء على **بعض النظريات المشهورة في مجال الدافعية والتحفيز** كالتالي:

أولا: نظرية ماسلو Maslow's Theory:

وهي من النظريات المعروفة في الحاجات الإنسانية، قدمها إبراهام ماسلو والتي تسمى باسم نظرية تدرج الحاجات Needs Hierarchy Theory ، والافتراض الرئيسي في هذه النظرية هو أن الفرد إذا نشأ في بيئة لا تشبع حاجاته فإنه من المحتمل أن يكون أقل قدرة على التكيف وغير صحيح وظيفيا.

ويرى ماسلو أن الحاجات الفسيولوجية والأمن والأمان ضرورية للمحافظة على بقاء الفرد، وهي موجودة لدى الإنسان والحيوان، في حين أن الحاجات الاجتماعية وتقدير وتحقيق الذات موجودة لدى الإنسان فقط ولازمة لسعادته وطمأنينته.

هذا ولقد قسم ماسلو الحاجات الإنسانية في شكل هرمي Needs Hierarchy إلى خمسة أنواع كما هو موضح في الشكل التالي:

5- حاجات
تحقيق الذات
(مثل: الإبداع، التغيير)
Self Actualization
Needs

4- حاجات تقدير الذات (مثل: الاحترام والتقدير والسلطة والمكانة والثقة بالنفس والإنجاز..)
Esteem Needs, such as:
Respect and status

3- الحاجات الاجتماعية (مثل: الحب والصداقة والزمالة والانتماء والولاء وعضوية الجماعات).
Social Needs such as: love, friendship, belongness, and loyalty

2- حاجات الأمن والأمان (مثل: الضمان، الاطمئنان، المحافظة على النظام، السلامة، الشعور بعدم الخوف..)
Safety and Security Needs

1- الحاجات الفسيولوجية (الأساسية) (مثل: الحاجة إلى الهواء والماء والمأكل والمسكن والجنس..)
Basic Needs or physiological Needs, such as: air, water, food, shelter, sex..

شكل رقم (7)

هرم الحاجات الإنسانية كما حددها ماسلو

وفي كتاباته الأخيرة أضاف ماسلو الحاجة إلى المعرفة والفهم ووضعها من حيث الأهمية بعد الحاجة إلى التقدير والاحترام وقبل الحاجة إلى تحقيق الذات؛ وذلك لأن الإنسان إذا فشل في إشباع حاجته إلى المعرفة والفهم فإن النتيجة المتوقعة هي أنه سوف تكون له شخصية فقيرة في معارفها، وقد يؤدي ذلك إلى عدم الاهتمام بالحياة، أو قد تصبح الحياة غير ذات معنى في نظر هذا الإنسان. وفي حالات كثيرة قد يكون من المستحيل على الإنسان الذي فشل في إشباع حاجة المعرفة والفهم أن يحقق ذاته أو يرتقي لإشباع الحاجة التي تليها في الترتيب كما يتصور ماسلو.

والآتي شرح لهذه الحاجات من وجهة نظر ماسلو:

1- **الحاجات الفسيولوجية (المادية):** وهي الحاجات الأساسية للفرد التي تقوم بدور فعال في دفع الإنسان، وتتمثل هذه الحاجات في الحاجات ذات العلاقة بتكوين الإنسان البيولوجي والفسيولوجي، كالماء والهواء والأكل والجنس.

وتعمل هذه الحاجات على حفظ التوازن الجسدي وصيانة الفرد للبقاء والمقاومة والاستمرارية في حياته، وهي كما يعتقد ماسلو أقوى دوافع الفرد: فحاجة الشخص للأكل والشرب أقوى من حاجاته الأخرى حتى يتم إشباعها، بعد ذلك تبدأ الحاجات الأخرى في الإلحاح والظهور. ويرى ماسلو أنه إذا كانت كل حاجات الفرد غير مشبعة، فأول حاجة تلح عليه هي الحاجات الفسيولوجية، أما الحاجات الأخرى فيأتي إشباعها تباعا.

2- **الحاجة إلى الأمن والأمان:** وهي تتمثل في توفير البيئة الآمنة والمساعدة على كينونة الفرد وبقائه، مثل: الأمن ، الثبات، الحماية، الحرية من الخوف، الحرية من القلق.. إلخ. كما أن حاجات الأمن تعني - في رأي ماسلو - الحصول على عمل مستقر يوفر الأجر الكافي والحماية الكافية للحاضر والمستقبل، وكذلك الحصول على أنواع التأمين المتعددة كالتأمين ضد البطالة والشيخوخة والعجز.. إلخ.

3- **الحاجات الاجتماعية:** يقول ماسلو إنه عندما تتحقق حاجات الفرد الفسيولوجية وحاجات الأمن وتتشبع بشكل عادل ومقبول، تبدأ حاجات الحب والصداقة في الظهور ويقصد بحاجات الحب والصداقة الحاجات الاجتماعية عند الفرد التي تظهر الحاجة إلى الحب والتعاطف مع الآخرين والانتماء وربط العلاقة مع الغير، وعدم إشباع هذه الحاجات سوف يترتب عليه بعض التوتر وعدم التوازن في قدرة الفرد على التكيف مع مجتمع وأصدقائه.

فعلى سبيل المثال فإن الوحدة تسبب اضطرابا خطيرا في الشخصية. فالطفل الوحيد غالبا ما يكون خجولا ومترددا يتعذر عليه الاندماج بسهولة مع غيره وهو دائما سريع الغضب...

4- **حاجات تقدير الذات:** وهي حاجات الإنسان ورغبته في تكوين صورة إيجابية عن نفسه واعتراف الآخرين به وبأهميته بين الناس، ويرى ماسلو أن هذه الحاجات يمكن تقسيمها إلى نوعين: الأول يتمثل في الرغبة في القوة والرغبة في الإنجاز والرغبة في الاستقلال والحرية، والثاني يتمثل في: الرغبة في السمعة الحسنة وكسب احترام الغير والمكانة الاجتماعية واعتراف الآخرين وكذلك التقدير.

ويعتقد ماسلو أن إشباع الحاجة إلى الاحترام يقود إلى الشعور بالثقة بالنفس والقوة والإحساس بالأهمية والضرورة في هذا العالم.

5- **الحاجة إلى تحقيق الذات:** تأتي الحاجة إلى تحقيق الذات بعد أن يتم إشباع الحاجات السابقة، وهذه الحاجة تظهر رغبة الفرد في تحقيق ما يتلاءم مع قدراته، أو - كما يقول ماسلو - رغبة الفرد في أن يكون ما يود أن يكونه وما يمكنه أن يكونه. فالموسيقي يصنع الموسيقى، والفنان التشكيلي يرسم اللوحات، والشاعر يكتب الشعر.. إلخ.

ويرى ماسلو أن الحاجات الإنسانية مرتبطة بعضها ببعض، ويمكن ترتيبها والنظر إليها في شكله هرم متدرج، حيث تمثل الحاجات عملية إشباعها، فالإنسان قد يسعى إلى إشباع نوعين أو أكثر من هذه المستويات من الحاجات في وقت واحد أو تحت ظروف معينة، أو قد يحدث أن درجة الإشباع بالنسبة لمستوى معين من الحاجات لم تصل إلى درجة معقولة، ومع ذلك يسعى الإنسان لإشباع حاجة من مستوى آخر.

وعلى الرغم مما وجه لتصنيف الحاجات لماسلو من نقد مازال يحظى بالقبول في كثير من الدوائر العلمية لإحاطته بمعظم الحاجات الإنسانية، وترتيبها، وتقديره لأهمية كل منها بالنسبة لحياة الفرد، وفي مراحل نموه المختلفة.

وبصفة عامة فإن نظرية ماسلو قد أفادت في تفسير كثير من مشكلات العاملين في المنشآت المختلفة، ففي كثير من الأحيان تفاجأ الإدارة بالعديد من المشكلات غير المتوقعة والتي لا تجد لها تفسيرا للوهلة الأولى، ولكن بالرجوع إلى نظرية هرم الحاجات وإشباعها نجد التفسير للوهلة الأولى.

ومن أمثلة هذه المشكلات ما تلاقيه الإدارة من رفض التعامل للانتقال إلى وظيفة أخرى أعلى أجرا. حيث تفسر نظرية ماسلو تصرف هذا العامل على أنه قد أشبع حاجاته الأساسية من استخدام النقود وأصبح يعطي أهمية أكثر لإشباع الحاجات الاجتماعية من خلال تواجده في وسط مجموعة عمل معينة.

ثانيا: نظرية آلدرفير Alderfer's Theory:

قدم آلدرفير نظرية أخرى أطلق عليها نظرية GRE وهي اختصارات لثلاث مجموعات من الحاجات هي: البقاء والانتماء والنمو.

وقد طرح آلدرفير هذه النظرية البديلة والبسيطة استجابة للانتقادات التي وجهت لنظرية ماسلو، حيث قسم الحاجات الإنسانية - بدلا من خمس كما في نظرية ماسلو - إلى ثلاث هي كالتالي:

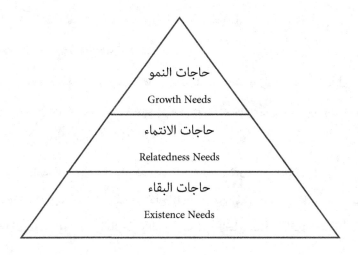

شكل رقم (8)

الحاجات الإنسانية في نظر آلدرفير

ولم تشترط نظرية آلدرفير ضرورة التدرج في إشباع هذه الحاجات - كما في نظرية ماسلو - فأي حاجة يمكن لها أن تنشط في أي وقت.

وهذه النظرية لا تختلف كثيرا عن نظرية ماسلو ؛ حيث إن حاجات البقاء تقابل الحاجات الفسيولوجية وحاجات الأمن والأمان في نظرية ماسلو، وحاجات الانتماء تقابل الحاجات الاجتماعية في نظرية ماسلو، وحاجات النمو تقابل حاجات تقدير الذات وتحقيق الذات في نظرية ماسلو.

ثالثا: نظرية ماكللند Maclelland Theory:

يؤكد العالم ماكللند (1984) صاحب نظرية دوافع الإنجاز أن للإنسان ثلاث رغبات هي: الإنجاز، والانتماء، والنفوذ. ونتيجة لذلك فإن محرك أو محفز السلوك الإنساني هو الحاجات الرئيسية الثلاث التالية:

1- الرغبة في الإنجاز: أي الحاجة للوصول إلى الأهداف التي تتحدى قرارات الفرد.

2- الرغبة في الانتماء: أي الحاجة إلى تشكيل علاقات شخصية وإنسانية مع الآخرين.

3- الرغبة في القوة والنفوذ: أي الحاجة إلى التحكم والسيطرة في سلوك الآخرين.

ويشرح نبيل عشوش هذه النظرية كالتالي: يرى ماكللند أن هذه الحاجات تحدث في إطار متماسك ومتكامل، وبدون تسلسل، وتلك الحاجات الثلاثة موجودة في الإنسان، ولكن بدرجات متفاوتة ومختلفة. وقد لاحظ ماكللند على أصحاب كل حاجة من الحاجات ما يلي:

📖 المهتمون بالإنجاز لهم أهداف معتدلة فيها ويرغبون في السيطرة والعمل وحدهم، وقد لاحظ أن الأفراد ذو المستوى العالي من الإنجاز يمتازون بخصائص أهمها:

● الرغبة في تحديد أهداف معتدلة لأنفسهم، وفيها بعض التحدي.

● الرغبة في أن يكون لهم سيطرة أو تحكم في الوسائل التي توصلهم إلى تحقيق أهدافهم.

● الرغبة في العمل وحدهم بدلا من العمل الجماعي.

● الرغبة في الحصول على معلومات مرتدة وسريعة حول تقدمهم لتحقيق أهدافهم.

وخلص ماكللند أن ذوي الإنجاز المرتفع يملكون دافعا داخليا ذاتيا في المجتمع، فهم يضعون أهدافهم الخاصة بناء على تصورهم لقدراتهم الخاصة، ويكون التحدي الذي يقابلهم هو مصدر الدافع لديهم لتلبية تلك الأهداف.

📑 **المهتمون بالانتماء** حريصون على العلاقات الحميمة، ويؤكد ماكللند أن الذين لديهم حاجة كبيرة للانتماء ينالون الرضا والإشباع من خلال بناء علاقات حميمة مع الآخرين، وتتحدد دوافعهم أساسا من خلال تأثير سلوكهم مع الغير، لذا فهم يضعون قيمة كبيرة للصداقة التي يقيمونها، فالذين يشعرون بالحاجة إلى الانتماء يختارون أصدقاءهم أولا، ومن ثم ينظرون إلى موضوع الكفاءة والمهارة لتحقق عمل أو مهمة ما، بينما المهتمون بالانجاز يختارون الأصدقاء ويقيمون العلاقات التي تمكنهم من تحقيق أهدافهم.

📑 **المهتمون بالنفوذ** حريصون على التأثير على الآخرين للحصول على مكانة بينهم، فالذين يشعرون بالحاجة إلى القوة فإنهم يختارون الناس الذين يمكنهم التأثير والسيطرة عليهم، فهم ينالون الرضا والإشباع من خلال التأثير والنفوذ والسيطرة على الآخرين، فهؤلاء يدفعهم ويحثهم حافز الحصول على مراكز نفوذ ومكانة مرموقة إلى العمل الجاد الذي تجني ثماره من وراء امتلاكهم القوة والتأثير.

اكتشاف حاجات الفرد:

يقوم المدير بمراقبة سلوك الأفراد لكي يحدد أي من النماذج الثلاثة التي تناسبه، ويتطلب ذلك درجة من الحساسية والتمرين على المراقبة والتحليل.

تطبيق النظرية:

لتطبيق تلك النظرية يقوم المدير بتحديد الدوافع الرئيسية لدى المرؤوسين، وبعد ذلك يتم تصميم وتطبيق طرق محددة لاستخدام هذه الدوافع بشكل فعّال، وذلك على النحو التالي:

حاجة الإنجاز:

- الزيادة في إعطاء العامل معلومات مرتدة، وبشكل دقيق وملموس حول تقديم العامل في تحقيق أهداف العمل.
- تجنب جعل العامل يعتمد على الآخرين للقيام بعمله.
- تجنب وضع العامل في مشاريع جماعية.
- ترك العامل يحدد أهدافه الخاصة للعمل.
- ترك العامل ما أمكن بحاله.

حاجة القوة:

- ضع العامل في مركز يسمح له بالتحكم في المصادر والمعلومات.
- علاج مشكلات الإنتاج بإظهار العلاقة بين قلة الإنتاج، وقوة العامل.
- تنظيم مجموعات العمل بشكل يمكن من خلاله لهذا النوع من العاملين أن يمارس نفوذه.
- تزويد العامل بالمهارات والمعارف خاصة التي يحتاجهم فيها الآخرون.
- استخدام عملية الإدراك بالمشاركة، وذلك لكي تكون لديهم الفرصة في التأثير عليك.

نخلص إلى التحذير من هذه الدوافع بإحداثها تأثيرا سلبي يصل إلى حد الأذى إذا وجد الدافع بشكل زائد، لذلك ينبغي على المدير أن يكون دائما يقظا من حدوث تأثيرات سلبية ممكنة خاصة فيما يتعلق بدوافع العاملين.

رابعا: نظرية هيرزبيرج Herzberg's Theory:

بناء على الأبحاث التي قام بها بإجرائها عالم النفس فريدريك هيرزبيرج Fredrick Herzberg (1980) توصل إلى نتيجتين محددتين تشرحهما سامية فتحي عفيفي كالتالي:

1- أن هناك مجموعة من الظروف الخارجية للوظيفة التي ينتج - في حالة عدم وجودها - عدم الرضا عند العاملين ، ولا يعني وجودها بالضرورة وجود دافعية لدى العاملين. هذه الظروف هي عوامل عدم الرضا، أو العوامل الصحية، لأنها ضرورية لعدم حدوث حالة من عدم الرضا على الأقل.

وترتبط هذه العوامل ببيئة ومحيط الوظيفة، وتسمى عوامل عدم الرضا Dissatifiers، وتشمل:

أ- الأمان الوظيفي.

ب- الراتب.

ج- ظروف العمل.

د- المركز.

هـ - سياسات المنظمة.

و- نوعية الإشراف الفني.

ز- نوعية العلاقات الشخصية بين الزملاء والمشرفين والمرؤوسين.

2- هناك مجموعة من الظروف الداخلية للوظيفة تساعد على إيجاد مستويات من الدافعية يمكن أن تفضي إلى مستوى جيد من الأداء. فإذا لم تتوافر هذه الظروف، فلن ينتج عن ذلك شعور بعدم الرضا، وتتعلق هذه الجوانب بمحتوى الوظيفة ويطلق عليها اسم عوامل الرضا وتشمل:

أ- الإنجاز.

ب- التقدير.

ج- مهام العمل نفسه.

د- المسئولية.

هـ - التقدم في الوظيفة.

و- النمو والتطور الذاتي.

وكما هو واضح فقد قام هيرزبيرج بتقليص مستويات (ماسلو) الخمسة للحاجات إلى مستويين للتحليل ، تقابل فيهما العوامل الصحية حاجات المستويات الدنيا عن (ماسلو)، وهذه العوامل في الأساس عوامل وقائية تساعد في تخفيض حالة عدم الرضا، أما إذا كانت موجودة فتنشأ حالة "يكون مستوى عدم الرضا فيها صفرا Zero Dissatisfaction" أو درجة الحياد. فالعوامل الصحية (أو عوامل البيئة المحيطة بالوظيفة) لا تدفع الأفراد إلى الأفضل في حد ذاتها.

خامسا: نظرية ماكجروجر MC Gregor's Theory:

وضع دوجلاس ماكجروجر Douglas MC Gregor نظريته في الدافعية والتحفيز بناء على اتجاهات الإدارة نحو العاملين. وأطلق على هذه النظرية نظرية X ونظرية Y & Throry X) (Theory Y حيث ترى نظرية X أن المديرين يرون:

أن الموظف العادي:

1- خامل ولا يحب العمل.

2- يتهرب من المسئولية ولا يحب تحمل هذه المسئولية.

3- يحتاج إلى الرقابة والإشراف المستمرين.

4- ليس لديه طموح.

5- كل ما يهمه الأمان.

6- لا يتم حفزه إلا بالمال.

7- يجب التحكم والتهديد والسيطرة على العاملين لتحقيق أهداف المنظمة.

8- الحوافر السلبية أقوى من الحوافز الإيجابية في تحفيز الموظف للقيام بالعمل المطلوب منه.

ويرى ماكجروجر أن هذا الأسلوب التقليدي في التعامل مع العاملين لا يناسب المنظمات هذه الأيام، بينما نظرية Y تشير إلى أن المديرين يرون:

1- أن العمل عملية طبيعية لدى الناس تحتاج إلى بذل الجهد العقلي والجسمي مثل: اللعب أو الراحة.

2- سيوجه العاملون أنفسهم ويتحكموا بها (التوجيه الذاتي) لتحقيق الأهداف إن كانوا مرتبطين بها.

3- الالتزام تجاه الأهداف مرتبط بالرضا والإنجاز والحوافز.

4- الموظف العادي يبحث عن المسئولية ويقبلها في الأحوال الصحيحة.

5- إن الضبط الخارجي والتهديد بالعقاب ليسا الوسيلتين المنفردتين لجعل العاملين يبذلون الجهد لتحقيق أهداف المنظمة، ونظرية Y تدافع عما نطلق عليه في الوقت الحاضر «الإدارة بالمشاركة» Participative Management حيث يتاح للعاملين المشاركة في جميع مراحل العمل وخاصة في عمليات صنع القرارات وحل المشكلات..

6- النقود (الحوافز المالية) ليست هي الدافع الوحيد للعمل.

7- الحوافز الإيجابية أقوى من الحوافز السلبية في تحفيز الموظف للقيام بالعمل المطلوب منه.

نستخلص مما سبق أن نظرية X تحمل فكرة سلبية عن العاملين بالمقارنة بنظرية Y. ويوضح كل من جيرالد جرينبرج J. Greenberg وروبرت بارون R. Baron بعض الفروق الرئيسية بين النظريتين في الشكل التالي:

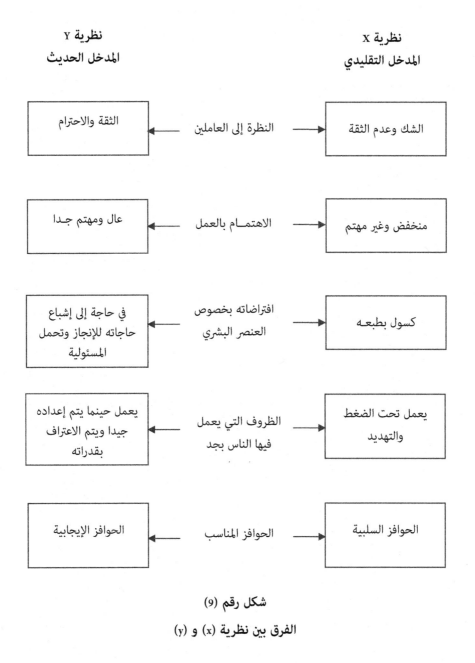

شكل رقم (9)

الفرق بين نظرية (x) و (y)

الفصل السابع

نظريات الدافعية والتحفيز -2-

أشتمل هذا الفصل على:

الفصل السابع

نظريات الدافعية والتحفيز -2-

يلقي الفصل السابع الضوء على باقي النظريات المشهورة في مجال الدافعية والتحفيز كالتالي:

أولا: نظرية إريسكون Erikson:

حاول العديد من العلماء تحديد مراحل النمو أو الحياة لدى الإنسان؛ وذلك بهدف التعرف على خصائص كل مرحلة، وجوانب النمو المختلفة لدى الإنسان في كل منها، واحتياجات ومشكلات كل مرحلة، وأزمات الحياة التي قد يمر بها الإنسان وخاصة عند الانتقال من مرحلة إلى أخرى.

ومن المحاولات التي تم الاستفادة منها في هذا الشأن بشكل واضح، نذكر نظرية إريكسون عن الأعمار الثمانية للإنسان محددا لكل مرحلة من مراحل النمو نوع الحاجات والأزمة والمهام والغاية ومجال العلاقات الخاصة بكل مرحلة (انظر جدول رقم 1) ومحاولات كل من كارول مير Carol Meyer وجوزيف أندرسون Joseph Anderson في تحديد مراحل الحياة لدى الإنسان واحتياجاته الأساسية والمشكلات المصاحبة وبرامج الرعاية الاجتماعية المناسبة لكل مرحلة (انظر جدول رقم 2).

جدول رقم (1)

مراحل النمو النفسي والاجتماعي طبقا لنظرية إريكسون

م	المرحلة	نوع الحاجات	الأزمة	المهام	الغاية	مجال العلاقات
1	مرحلة الرضاعة (الميلاد - سنة)	الأمومة - استطلاع الذات	الثقة الأساسية وضدها الارتياب	الثقة بالنفس وبالآخرين	الإحساس بالأمل	الأم
2	الطفولة المبكرة (1-3)	التعلم - التخيل - اللعب - الأمان - إدراك العالم حوله والذات	الاستقلال وضده الخجل والتشكك	اتكالية تبادلية- استقلالية الذات عن الآخرين	الإحساس بالضبط	الوالدان
3	سن ما قبل المدرسة (3-6 سنوات)	التنشئة الاجتماعية - اللعب - تأكيد ذاته داخل عالمه	المبادرة وضدها الشعور بالذنب	الارتباط بالآخرين عن وعي بهدف تحقيق غاية في الحياة	الإحساس بالتوجيه الذاتي	الأسرة
4	المدرسة الابتدائية (6-13 سنة)	مطالب فكرية واجتماعية - الانتماء في الأسرة والنجاح	الكد والمثابرة وضدها الشعور بالدونية	التعاون الهادف مع الآخرين	الإحساس بالكفاية	الجيران والمدرسة

م	المرحلة	نوع الحاجات	الأزمة	المهام	الغاية	مجال العلاقات
5	المدرسة الإعدادية والثانوية والمراهقة (13-18سنة)	الإنجاز - انفصال جزئي عن الآباء الانتماء إلى الأقران	التمسك بالهوية وضدها الهوية المشتتة	التزام الذات إزاء الآخرين	الإحساس بالولاء	الأصدقاء
6	شاب بالغ (18-21 سنة)	تحقيق الذات والتقدير في القيام بأدوار البالغ	الألفة وضدها العزلة	حب الذات والآخرين	الإحساس بالحب	الأصدقاء والزوج (الزوجة)
7	بالغ ناضج (21-65 سنة)	تحقيق الذات في القيام بأدوار الحياة	الإنجاب وضده الخمول	العناية بالذات وبالآخرين	الإحساس بالاهتمام	التفاعلات الأسرية وأصدقاء العمل
8	بالغ مسن (65 سنة فأكثر)	الاستمرار في تنمية الذات والمحافظة على الطاقة	التكامل وضده الإحساس باليأس	يصبح هو ذاته في وجود الآخرين	الإحساس بالحكمة	كل الأفراد والجماعات

جدول رقم (2)

مراحل الحياة والحاجات التي تظهر خلالها والمشكلات التي تعترضها ونوع برامج الرعاية الاجتماعية المناسبة لها

مراحل الحياة واحتياجاتها	المشكلات المصاحبة للمرحلة	برامج الرعاية الاجتماعية المطلوبة
1) مرحلة الطفولة المبكرة الميلاد حتى 3 سنوات (اللعب الرعاية الوالدية).	- عدم توفير الأبوة أو الأمومة. - إهمال الأسرة للأطفال. - العاهات والأمراض والضعف العقلي.	1- الرعاية الأسرية. 2- الرعاية الطبية. 3- برامج تأمين الدخل الاقتصادي.
2) مرحلة ما قبل سن المدرسة من 3-6 سنوات (المعرفة - التنشئة الاجتماعية - اللعب).	- عدم توفير أو تناسب التنشئة الاجتماعية. - عدم توفير الإشراف الأسري الملائم.	1- رعاية الطفولة. 2- خدمات الإيواء. 3- خدمات الرعاية في دور الحضانة.
3) مرحلة التعليم من سن 6-18 سنة. (التعليم - التشجيع - التربية).	- مشكلات الانحرافات السلوكية لدى الطفل. - عدم القدرة على التكيف مع المدرسة.	1- الرعاية الملائمة حسب نوع المشكلات كالإيواء. 2- الخدمات الترفيهية لشغل أوقات الفراغ.
4) مرحلة النضج والرشد (الثبات) من سن 18-21 سنة (إيجاد الفرص في ممارسة أدوار الراشدين والناضجين).	- الاعتماد المتزايد على الأسرة. - عدم القدرة على الاستقلال. - الانحراف والجريمة.	1- التوجيه المهني والتأهيل أو التدريب للعمل. 2- التوجيه والإرشاد الأسري. 3- المساعدة عن طريق الاستشارة.

مراحل الحياة واحتياجاتها	المشكلات المصاحبة للمرحلة	برامج الرعاية الاجتماعية المطلوبة
5) اكتمال النضج من 21-60 سنة في الأسرة المبتدئة - وفي الأسرة المتوسطة العمر (زيادة فرص الاعتماد والاستقلالية الذاتية في ممارسة أدوار الحياة). والمهام تكون في الإبداع والابتكار في مقابل الركود والجمود والخمول.	- انهيار الأسرة. - الطلاق وسوء إدارة الحياة الأسرية. - سوء تدبير الحياة المنزلية. - مشكلات الأسرة مع الأطفال. - الفشل في العمل.	1- مكاتب التوجيه الأسري. 2- المحاكم الشخصية ومختلف أنواع المحاكم. 3- مستشفيات الأمراض النفسية والعقلية. 4- المساعدات ضد الكوارث والنكبات. 5- التأمينات الاجتماعية.
6) مرحلة ما بعد سن 60 سنة تمثل مرحلة الشيخوخة (التكيف مع المجتمع).	- عدم الاهتمام. - المشكلات الأسرية. - المرض. - الحاجة للرعاية.	1- المستشفيات والرعاية الطبية. 2- مؤسسات رعاية المسنين. 3- الضمان الاجتماعي.

التمايز والتفاوت في حاجات الفرد:

يجب على الإدارة أن تعرف أن نموذج الحاجة لفرد ما مختلف عن غيره، لذلك ينبغي على الملاحظ أن يتعرف على هذه الاختلافات ويستفيد من هذه المعرفة بطريقة تؤدي إلى تحقيق أكبر إشباع للفرد ويتمشى مع إنجازه للأهداف التنظيمية. نظرا لأهمية هذه الاختلافات والتمايزات في نماذج الحاجة، فسوف نركز على بيان جوانب الاختلاف بين الأفراد والعوامل المسببة في هذا التمايز.

ثانيا: نظرية فروم «نظرية التوقعات»:

ترى نظرية التوقعات أو التوقع أن الإنسان يعمل ليزيد من سعادته ويقلل من آلامه. فالفرد لكي يصل إلى هدفه يضع مجموعة احتمالات أساسها التوقع للعلاقات المدركة بين الجهود و الأداء والحافز المستلم مقابل الأداء. وتقوم هذه النظرية على تقدير الآتي:

1- النتائج: النتيجة النهائية للسلوك.
2- التوقع: قدرة الشخص على أداء السلوك المطلوب.
3- الارتباط: مدى ارتباط مستويات الأداء بحوافز الأداء.
4- قوة جذب الفعل: القيمة التي يضعها الفرد لحوافز معينة.
5- القوة الدافعية للأداء: ما يستطيع الإنسان عمله وليس ما ينوي أو يرغب في عمله.
6- الدافعية: حجم المكافآت المرغوبة/ التوقع/ المنفعة المقدرة.

ثالثا: نظرية هومانز «نظرية العدالة في التوزيع»:

ترتكز نظرية العدالة في التوزيع على الأسس التالية:

1- أهمية المكافآت في تحفيز السلوك.
2- شعور الفرد بالعدالة في التوزيع تزيد من دافعيته في السلوك الإيجابي.
3- لتحقيق العدالة لابد من عقد المقارنة التالية:

$$\frac{\text{مخرجات أداء الفرد}}{\text{مدخلات الفرد}} \quad \boxed{\text{مقارنــة}} \quad \frac{\text{مخرجات أداء فرد آخر}}{\text{مدخلات الفرد الآخر}}$$

4- تمثل المدخلات: الجهة، المهارة، المعرفة، الأداء.
5- تمثل المخرجات: الراتب، الترقية، التقدير، الشعور بالإنجاز أو المركز.

6-   توفر النظرية توجيه للمدير بموجب:

أ -   التركيز على المكافآت العادلة للموظفين/ العمال.

ب-   قرار الإنصاف يدخل فيه عنصر المقارنة.

مفهوم العدالة:

يقول اللـه سبحانه وتعالى: (يا أيها الذين آمنوا كونو قوامين لله شهداء بالقسط ولا يجرمنكم شنئان قوم على ألا تعدلوا اعدلوا هو أقرب للتقوى) (المائدة: 8).

ويقول اللـه سبحانه وتعالى أيضا: (إن اللـه يأمر بالعدل والاحسان وإيتاء ذي القربى وينهى عن الفحشاء والمنكر والبغي يعظكم لعلكم تذكرون) (النحل: 90).

العدالة ببساطة تعد من أهم المعايير بالنسبة للعديد من العاملين، فإذا شعر العاملون بأن بيئة العمل غير عادلة، فإن هذا سوف يكون له تأثير كبير على المجهودات التي تبذلها من أجل إثارة حماسهم.

إن المرؤوسين يدركون تماما بأن رؤسائهم لديهم سلطات أكبر من السلطات التي لديهم، ومن ثم فإنهم يشعرون بالقلق من أنه لا يتم معاملتهم بالعدل، وحيث إنهم لا يملكون القوة التي تمكنهم من الدفاع عن أنفسهم فإنهم يسارعون إلى الاعتقاد بأنه لا يتم معاملتهم بالعدل من قبل هؤلاء الذين يملكون القوة.

وللأسف فإن معظم العاملين يشرعون بأن التعاملات غير العادلة تعد شائعة في المؤسسة التي يعملون بها، ومثل هذا الشعور قد يمثل لك وللمديرين الآخرين عائقا كبيرا وذلك عندما تقدم إثارة حماس مرؤوسيك إذ أنه سوف يتعين عليك مواجهة هذا الاعتقاد السائد بعدم وجود عدالة.

ويجب أن تدرك أن مرؤوسيك سوف يقومون بإصدار قرارات سريعة على تصرفاتك من منطلق معايير العدالة، كما أنه بسبب المظاهر غير العادلة التي تعرضنا لها سابقا فإنهم قد يحكمون على الكثير من التصرفات على أنها غير عادلة في حين أنها ليست كذلك على الإطلاق، كذلك فإن الموضوعات غير الهامة من وجهة نظرك سوف تكون على قدر كبير من الأهمية بالنسبة لهم، لذلك فإنه يجب عليك أن تتصرف بمنتهى الحذر عندما يتعلق الأمر بموضوع العدالة.

وفيما يلي أعرض عليكم بعض الإحصائيات التي قامت شركة Towers Perrin للاستشارات بعرضها في إحدى الدراسات الكبيرة التي أجرتها على العاملين فيما يتعلق بموضوع العدالة داخل بيئة العمل.

نسبة العاملين الذين يؤمنون بأن:	%
• الترقيات تتم بطريقة غير عادلة	% 65
• الشركات لا تهتم بمصلحة مرؤوسيها عند اتخاذها للقرارات التي تؤثر عليهم	% 69
• الوظائف الخالية لا يتم شغلها بأكثر المتقدمين كفاءة	% 51
• العاملون الذين يتميزون بأعلى مستويات الأداء لا يتم زيادة رواتبهم	% 66

إن الموضوعية المتعلقة بالعدالة دائما ما تتجلى في أوقات المكافآت وزيادة الأجور والترقيات والعلاقات والتقديرات التي منحها للعاملين (وأيضا عندما يتم تسليم العمل). فبعض العاملين يحصلون على تلك المكافآت بينما لا يحصل عليها البعض الآخر، فماذا سوف يكون الحال إذا ما شعر كل عامل من الذين لم يحصلوا على المكافآت بأنه لم يعامل بالعدل؟ وفي العادة فإنه يتم منح المكافآت لعدد قليل من العاملين، لذلك فإن مسألة الثقة يمكنها أن تحول تلك المكافآت إلى أشياء تقتل الحماس داخل

أغلبية العاملين الذين لم يحصلوا على تلك المكافآت (إنه من المدهش أن نتصور كيف يمكن للمجهودات التي تتم بنية طيبة أن يكون لها تأثير عكسي).

لذلك فإنه عندما يقدم المديرون على اتخاذ أي قرار من شأنه أن يؤثر على العاملين بطريقة مختلفة فإنه يجب عليهم أن يطبقوا كل المعايير العادلة، وفي الحقيقة فإن الكثير من القرارات تؤكد على هذا.

إن العامل الجوهري في توفير العدالة في بيئة العمل يركز على مدى اعتقاد العاملين في أنهم يعاملون معاملة عادلة من جانب الآخرين مثل: الزملاء والرؤساء، أو المنظمة ككل.

استقصاء

هل تحصل على معاملة عادلة في عملك؟

من فضلك أجب بنعم أو أحيانا أو لا على العبارات التالية:

في المنظمة التي تعمل بها:

1- يكافأ العاملون على الأداء الجيد

نعــم ❑   أحيانا ❑   لا ❑

2- يمكن الثقة بالعاملين

نعــم ❑   أحيانا ❑   لا ❑

3- هناك اهتمام جدي بشكاوي العاملين

نعــم ❑   أحيانا ❑   لا ❑

4- يعامل العاملون معاملة الأطفال

نعــم ❑   أحيانا ❑   لا ❑

5- يتم الاستجابة للشكاوي

نعــم ❑   أحيانا ❑   لا ❑

6- يقدر جهد العاملين المتميزين

نعــم ❑   أحيانا ❑   لا ❑

7- يعامل العاملون بعدالة

نعــم ❑   أحيانا ❑   لا ❑

8- يساعد الزملاء بعضهم البعض

نعــم ❑   أحيانا ❑   لا ❑

9- يعامل الزملاء بعضهم البعض باحترام

نعـم ☐   أحيانا ☐   لا ☐

10- لا يكف الرؤساء عن الصراخ

نعـم ☐   أحيانا ☐   لا ☐

11- يتودد الرؤساء للمرؤوسين

نعـم ☐   أحيانا ☐   لا ☐

12- يتهم العاملون بالكذب

نعـم ☐   أحيانا ☐   لا ☐

13- يتم إهمال مقترحات وآراء

نعـم ☐   أحيانا ☐   لا ☐

14- الرؤساء يسبون المرؤوسين أحيانا

نعـم ☐   أحيانا ☐   لا ☐

15- يهدد الرؤساء العاملين بالفصل

نعـم ☐   أحيانا ☐   لا ☐

16- يتنازع الزملاء مع بعضهم البعض

نعـم ☐   أحيانا ☐   لا ☐

17- الزملاء لا يرحبون بالزملاء الجدد

نعـم ☐   أحيانا ☐   لا ☐

التعليمات:

1- أعط لنفسك درجتان في حالة الإجابة بـ «نعم»، ودرجة واحدة في حالة الإجابة بـ «أحيانا»، وصفرا في حالة الإجابة بـ «لا» عن الأسئلة من 1 إلى 9.

2- أعط لنفسك درجتان في حالة الإجابة بـ «لا»، ودرجة واحدة في حالة الإجابة بـ «أحيانا»، وصفرا في حالة الإجابة بـ «نعم» عن الأسئلة من 10 إلى 18.

3- اجمع جميع درجاتك عن جميع الأسئلة.

تفسير النتائج:

أ- إذا حصلت على 22 درجة فأكثر، فأنت تحصل على معاملة عادلة في عملك بدرجة كبيرة.

ب- إذا حصلت على 11 إلى 21 درجة، فأنت تحصل على معاملة عادلة في عملك بدرجة متوسطة.

ج- إذا حصلت على 10 درجات فأقل، فأنت لا تحصل على معاملة عادلة في عملك.

رابعا: نظرية كوفي:

قدم ستيفن كوفي Stephen R. Covey (1989) نظرية التوازن Balance Theory والتي ركزت على موضوعات النجاح في الحياة، وإدارة الحياة الشخصية، والفاعلية، والإنتاجية، وترتيب الأولويات وغيرها.

واستنتج كوفي مجموعة من الحقائق حول الاحتياجات الإنسانية ولقد لخصت نظريته أربعة احتياجات أساسية لا يمكن الاستغناء عنها ليعيش الإنسان حياة متوازنة، وهذه الاحتياجات هي:

1- الاحتياجات المادية: وتتضمن الحاجات الفسيولوجية المرتبطة بأسباب الوجود والبقاء والحياة.

2- الاحتياجات الروحية: وتتضمن الحاجات المعنوية المرتبطة بالإيمان، والقيم والأخلاق، والعبادات.

3- الاحتياجات الاجتماعية: وتتضمن الحاجات النفسية والعاطفية المرتبطة بالانتماء، والولاء، والحب، والعلاقات الإنسانية.

4- الاحتياجات العقلية: وتتضمن الحاجات الفكرية المرتبطة بالعلم، والثقافة، والمعرفة، والمهارات.

الفصل الثامن
إدارة الحوافز: المفهوم والأنواع

أشتمل هذا الفصل على:

- 📖 مقدمة.
- 📖 التحفيز في المنظمات.
- 📖 لماذا الحوافز؟
- 📖 أنواع الحوافز.
- 📖 أنواع جديدة من الحوافز.
- 📖 ملاحظات على أنواع الحوافز.
- 📖 حالة عملية: السلوك القيادي والحوافز المعنوية.

الفصل الثامن

إدارة الحوافز: المفهوم والأنواع

مقدمـة:

تستطيع أن تأخذ حصانك إلى الماء، ولكنك لا تستطيع أن تجعله يشرب، هكذا قال القدماء. والقاعدة الإدارية هي أن السلطة وحدها لا تكفي لتحفيز العاملين على العمل، ولكن إتباع الأصول المناسبة والقواعد السلوكية والإنسانية الصحيحة هي التي تجعل المدير قادرا على تحفيز مرؤوسيه ودفعهم برضاهم إلى العمل.

هذا ويعد موضوع الحوافز Incentives من الموضوعات الرئيسية والمحورية في علم ومهنة الإدارة، وذلك لأنه يمس صميم العامل البشري، ذلك العامل الذي يمثل الهدف والوسيلة وغاية النتائج حين إنجاز أي عمل كان.

فالحوافز هي قوة محركة خارجية تستخدم لحث الإنسان على بذل الجهد والقيام بالعمل بالشكل المطلوب والمتميز. بمعنى أنها بمثابة المقابل للأداء المتميز. وبالتالي فإن للحوافز تأثيرا كبيرا ومباشرا على توجيه السلوك وتحديد الاتجاهات وزيادة الإنتاجية والارتفاع بمستوى رضا العاملين.

ويجب أن نقر بحق العاملين في جزء من العائد الذي يساهمون في تحقيقه لمنظمتهم، وإلا فإنهم سوف يحبطون وتقل إنتاجيتهم. لذا يجب أن تعبر الحوافز عن مدى مساهمتهم في تحقيق عائد للمنظمة.

وعلى الرغم من أهمية هذا الموضوع إلا أنه لم يحظ بالاهتمام الكافي من قبل القيادات الإدارية في الوطن العربي. بل إنه في كثير من الأحوال لا يتم مراعاة كل من: مبادئ التحفيز والعقاب المطلوب الاسترشاد بها وخصائص نظام التحفيز والعقاب الفعّال.

بل إن القيادات الإدارية التقليدية تعتمد بشكل كبير على أسلوب الإدارة البيروقراطية التي تركز على عملية صنع القرارات ووضع السياسات الإدارية لتحقيق أهداف المنظمة باعتبار أن ذلك هو جوهر العملية الإدارية.

لذلك تمحور اهتمامها حول مراحل عملية صنع القرارات وتلقي مخرجاتها، وابتعدت عن المحاور الأخرى باعتبارها غير مؤثرة في هذه العملية.

مثل تلك القيادات تقابل موضوع التحفيز بالإهمال واللامبالاة، بل إنها تقصر في التعامل معه حين يفرض الواقع عليها ذلك.

بل وإن اهتمت القيادات الإدارية التقليدية بردود فعل العاملين التي تصاحب مراحل عملية صنع القرارات، فإنها تتعامل معها بشيء من التهميش، أو لا تعالجها وفق ما تستحق من أهمية، ويتم التعامل مع الحوافز بطريقة الاستجابة اللحظية لمواقف معينة يتم تلبيتها في حينها فقط.

لذلك، ينبغي إعطاء موضوع التحفيز المكانة التي يستحقها في عالم العمل والممارسة الإدارية، وفهم دوره الفعّال في دفع الإنجاز وتحقيق أهداف المنظمة بكفاءة وبفعالية.

ويهتم الكتاب الحالي بإلقاء الضوء على مفهوم التحفيز الوظيفي وأهميته وأنواعه وأساليبه وخصائصه وشروطه.. بما يساهم ذلك في زيادة معلومات وتحسين مهارات القارئ عن هذا الموضوع الهام، والذي يمثل أحد المداخل الإدارية الرئيسية في تحقيق أهداف المنظمات بصورة رشيدة.

التحفيز في المنظمات:

«إنني أطلب من مساعدي أن يديروا الشركة وكأنها الرصيد الوحيد الذي تملكه أسرهم، إنهم لا يستطيعون بيعها ولكنهم سيملكونها لمائة عام».

وارن بوفيت/ مدير عام

الحوافز في حياة الإنسان لها دور هام، ولها أثر بارز في توجيه السلوك وتحديد الاتجاهات. كذلك فإن الحوافز لها تأثير كبير ومباشر على زيادة الإنتاجية والارتفاع بمستوى رضا العاملين وخفض الإحباط...

والتحفيز Motivation هو حصول الأفراد على الحماس والإقدام والسرور في أعمالهم، وإكسابهم الثقة في أنفسهم، بما يدفعهم إلى القيام بالعمل المطلوب منهم على خير وجه دون شكوى أو تذمر. وبكلمات مشابهة يعرف نبيل عشوش التحفيز بأنه وصول العاملين في المنظمة إلى حالة الشغف والتلهف والسعادة بأعمالهم، ومحاولة إيصالهم إلى مرحلة القيام بكامل العمل بدون تزمر أو شكوى، وبلوغهم مرحلة الفداء بكل شيء في سبيل مصلحة العمل والمنظمة.

كذلك يعرف محمد مرعي مرعي التحفيز بأنه مجموعة العوامل أو المؤثرات التي تدفع الفرد نحو بذل أكبر الجهود في عمله، والابتعاد عن ارتكاب الأخطاء، في مقابل حصوله على ما يضمن تحقيق رغباته وإشباع حاجاته المتعددة، وتحقيق مشروعه وتطلعاته التي يسعى لبلوغها خلال عمله.

وعلى المدير أن يحفز مرؤوسيه، وذلك بعمل إجراءات مختلفة لذلك، فكل يختلف عن الآخرين، وله مفتاح خاص به. وعلى المدير أن يختار الأسلوب الأنسب لتحفيز مرؤوسيه، بمعنى مراعاة الفروق الفردية بينهم.

فعلى سبيل المثال، يوجد موظف يحب أن يعلن مديره أمام الجميع في اجتماع عام ويشيد به وبالأعمال التي أنجزها.

وهناك نوعية أخرى من المرؤوسين، يريد أن يجلس منفردا مع المدير ويسمع منه بعض كلمات المديح والشكر والعرفان على المجهود الذي يقوم به.

فئة ثالثة يمكن أن يتم تحفيزهم بمنحهم مكافآت مالية أو زيادة في رواتبهم. وكما نرى أن الحوافز التي توجه سلوك الأفراد وتحدد اتجاهاتهم لها صورة وأنواع عديدة منها: الحوافز المعنوية في مقابل المالية والمادية، والحوافز الإيجابية في مقابل الحوافز السلبية، والحوافز الفردية في مقابل الجماعية.

لماذا الحوافز ؟

يحقق النظام الجيد للحوافز نتائج مفيدة يذكر هيثم العاني أهمها كالتالي:

1- زيادة نواتج العمل في شكل كميات إنتاج، وجودة إنتاج، ومبيعات، أرباح.

2- تخفيض الفاقد في العمل، ومن الأمثلة عليه تخفيض التكاليف، وتخفيض كميات الخامات، وتخفيض الفاقد في الموارد البشرية، وأي موارد أخرى.

3- إشباع احتياجات العاملين بشتى أنواعها، وعلى الأخص بما يسمى بالتقدير والاحترام والشعور بالمكانة.

4- إشعار العاملين بروح العدالة داخل المنظمة.

5- تحسين صورة المشروع/المنظمة أمام المجتمع.

6- تنمية روح التعاون بين العاملين، وتنمية روح الفريق والتضامن.

7- جذب العاملين إلى المنظمة، ورفع روح الولاء والانتماء.

أساس منح الحوافز:

يعتبر التميز في الأداء المعيار الأساسي، وربما الوحيد لدى البعض، وفي بعض الحالات وهو يعني ما يزيد عن المعدل النمطي للأداء سواء كان ذلك في الكمية، أو الجودة، أو وفر في العمل، أو وفر في التكاليف أو وفر في أي مورد آخر. ويمكن أن تمنح الحوافز على الجهود أو الأقدمية أو المهارة.

أنواع الحوافز:

هناك أنواع عديدة من الحوافز مطروحة ومتاحة أمام الإدارة يمكن الاختيار من بينها لتقديم المناسب منها للعاملين لمقابلة دوافعهم وإشباع حاجاتهم. من هذه الأنواع نذكر بإيجاز:

التصنيف الأول:

1 **حوافز معنويـة**	2 **حوافز ماليـة**	3 **حوافز ماديـة**
مثل:	مثل:	مثل:
• الثناء والمديح والتشجيع. • التقـدير، الجـوائز التقديريـة، نشر الاسم أو الصورة في لوحـة الشرف أو في مجلة المنظمة. • خطابات الشكر والتقدير. • بطاقات التهنئة. • كؤوس / ميداليات الإنجاز • التدريب.	• الحصول على الراتب. • أجر الوقت الإضافي. • العلاوات الدورية. • العلاوات الاستثنائية. • البدلات. • المكافآت المالية. • بطاقات السفر	• ظروف عمل ملائمة. • تحسين بيئة العمل. • تحسين أدوات العمل. • تـوفير أدوات حديثـة للعمل.

فعلى سبيل المثال يحدد محمد مرعي مرعي أهداف وشروط الحوافز المعنوية والمالية كالتالي :

أهداف الحوافز المعنوية :

1- التمييز بين الأشخاص العاملين حين الأداء الأفضل.

2- تشجيع التنافس بين الأشخاص العاملين في المؤسسة.

3- بيان أشكال التميز في الأداء والسلوك.

4- رفع مستوى فاعلية الأشخاص ذوي الأداء المتوسط.

5- إظهار طابع المؤسسة وصورتها إلى البيئة المحيطة.

6- توليد مستمر لدوافع الانتماء والولاء للمؤسسة.

7- زيادة علاقات التعاون والتعاضد بين الأشخاص العاملين.

شروط الحوافز المعنوية :

1- توضيح جوانب الأداء والسلوك الوظيفي التي تقود إلى الحصول على التحفيز المعنوي لكافة الموظفين والعاملين.

2- الاهتمام بالجوانب الإيجابية في الأداء والسلوك الوظيفي لدى العاملين، وتعزيزها بالحوافز.

3- تقديم الحوافز المناسبة للأداء والسلوك الوظيفي.

4- تحقيق التوازن بين قيمة المخرجات (منتج/خدمة/معلومة) وقيمة الحافز.

5- تقديم الحوافز خلال فترات متتالية لتحقيق ديمومة استمرار الأداء والسلوك الجيد.

6- تقديم الحوافز فور الحصول على النتائج المحققة.

7- إتباع أسلوب الحوافز المتنوعة المقدمة للمستحقين.

ويشير كتاب «الحفز لأداء أمثل» ضمن سلسلة الإدارة المثلي (2001) إلى مجموعة من الاعتبارات التي يجب أن تؤخذ في الحسبان عند صرف الحوافز المعنوية (غير النقدية) كالتالي:

المكافأة غير النقديـة	عوامل تؤخذ في الاعتبار
الاعتراف ملاحظة مكتوبة، تذكار محفور.	• صيغة دائمة للمكافأة، ويـتم الإشراف عليهـا بحيـث تكـون شخصية وفعّالة على المدى البعيد والقريب.
هدايا وامتيازات إجـازات، تسـهيلات في ممارسـة الرياضة، بضائع	• فوري وسريع على المدى القصير. • قد لا يفي بالاحتياجات الحفزية البعيدة المدى.
مناسبات خاصة عطـلات آخـر الأسـبوع، حفـلات رحلات للذهاب للمسرح.	• تشمل جميع الأفراد على جميع المستويات. • تعمل على تنبيه الأفراد، وتهدئتهم وحفزهم.
التدريب المهني دورات خارجية أو داخلية	• تكون للتدريب المركز والفعّال نتائج مرتفعة. • يجب أن يعمل لدى الشركة موظف مؤهل يشـعر بتقـدير الشركة لقيمة عمله.
تنمية الذات شخصي، تأهيل غير مهني	• ذات قيمة عالية من الحفز. • تُعظم صورة الفرد لنفسـه وتزيـد مـن مسـتويات الأداء في العمل.
المعدات سيارة الشركة، معمل الكمبيوتر	• تكون المعدات الغالية السعر محفزة بدرجة كبيرة. • الحاجة إلى التأكيد على الانتفاع الكامل من المعدات.

أهداف الحوافز المالية :

1- الإحساس بالمقدرة على الكسب من خلال بذل الجهود.

2- ضمان المستوى المعيشي المناسب للشخص العامل في بلده.

3- إمداد الشخص العامل بالقدرة الشرائية الكافية.

4- الشعور باحترام الذات وتقديرها لقاء الجهود المبذولة.

5- إدراك احترام الآخرين للذات لقاء الحصول على الأجر المناسب.

شروط الحوافز المالية:

1- أن يكون عادلا، ويطبق وفق القوانين واللوائح الإدارية النافذة على الجميع.

2- أن يكون مطابقا لما يتقاضاه الأقران الآخرون في سوق العمل.

3- أن يكون مناسبا لما يبذله الشخص من جهود في عمله.

4- أن يكون متوافقا مع إمكانيات المؤسسة المالية.

5- أن يكون مشبعا للحاجات الإنسانية والاجتماعية والنفسية.

6- أن يكون دافعا نحو رفع معدلات الإنتاجية.

7- أن يكون متوافقا مع المعدلات المحددة للأداء.

8- أن يكون مقنعا للشخص العامل.

9- أن يكون ضامنا للاستمرار في توفير متطلبات الحياة.

ويشير كتاب «الحفز لأداء أمثل» ضمن سلسلة الإدارة المثلي (2001) إلى مجموعة من الاعتبارات التي يجب أن تؤخذ في الحسبان عند صرف الحوافز المالية كالتالي:

المكافأة غير النقدية	عوامل تؤخذ في الاعتبار
زيادة المرتب يزيد بمعدل ثابت من الدفع.	• تعتبر النقود محفزا قويا قصير المدى، وكلما زادت النقود تزايد درجة الحفز. • يزول تأثير المرتب نسبيا سريعا.
عمولة وعلاوات يتم ربط المدفوعات بالأهداف المرجوة من الدفع.	• يزيد من الحفز والإشباع الذاتي. • قد تكون هناك صعوبات في تثبيت المعدلات وربط هذه المكافأة بالمرتب الثابت.
الدفع حسب الإنجاز يزيد المرتب المعتاد تبعا للعمل وحسب تحقيقه للهدف المرجو.	• هو محفز ويمكن أن يكون محفزا فعالا. • قد يكون هناك تأخير قيما بين المكسب والحصول على النقود تبعا للعمل. مما يقلل من تأثيرها..
اختيارات الأسهم/ الحصص هدايا عبارة عن أسهم، أو الحصول على فرصة لشراء أسهم من قطعة ذات قيمة حقيقية	• تشجع على الولاء البعيد كذلك تحث على الشعور بالاشتراك في العمل. • يكون محفزا فعالا بدرجة كبيرة كلما كان الدافع أساسا. • تكون المكافأة غير فورية، وقد تكون قليلة الفائدة.
معدلات خاصة تساعد على اجتياز الرهن، والإبحار، والتأمين وبنود أخرى، وذلك في حدود الضرائب	• لها قيمة مهمة في استيفاء الأفراد في العمل، وتشبه «قيود اليدين الذهبية». • لها قيمة حفزية قليلة.
فوائد صحية للعائلة تقدم المشاريع المعانة أو المدفوع لها رعاية صحية خاصة للعائلة.	• من مصلحة المؤسسة أن يعمل بها أطباء. • توفير الرعاية الصحية له قيمة حفزية قليلة، ولكنها مطلوبة من الشركة، وبطريقة متزايدة.

التصنيف الثاني:

1 | 2

حوافز إيجابية	حوافز سلبية
مثل:	مثل:
وهي التي تصرف للعاملين فرادي أو جماعات على تميزهم، وقد تكون معنوية أو مالية أو مادية. والأمثلة السابقة تعتبر أمثلة على الحوافز الإيجابية. ويمكن إضافة الأمثلة التالية: • توفير المعلومات. • إتاحة الفرصة للمشاركة في صنع القرارات.	• التحذير. • التوبيخ. • الإنذار. • التحويل للتحقيق. • الجزاءات. • الخصم من الراتب. • إلغاء البدلات. • إلغاء الوقت الإضافي. • نشر الاسم في القائمة السوداء. • حجب المعلومات. • حرمان الفرد من المشاركة في صنع القرارات.

والحوافز السلبية يجب أن تسير جنبا إلى جنب مع الحوافز الإيجابية في توازن مثمر بحيث يثاب المجد ويؤخذ المقصر بتقصيره. وكما تمثلت الحوافز الإيجابية في حوافز مادية ومعنوية، فإن الحوافز السلبية يجب أن تتمثل أيضا في هاتين الصورتين. ويجب أن ترتبط الحوافز بكل صورها بإجراء تقييم شامل لكفاية الإدارة ونتائج أعمالها حتى تكون الحوافز مبنية على أساس سليم.

التصنيف الثالث:

1 حوافز فرديـة	2 حوافز جماعيـة
مثل:	مثل:
وهي التي تصرف للعـاملين فـرادى، وقـد تكـون معنويـة أو ماليـة أو ماديـة. وقـد تكـون إيجابيـة أو سـلبية. فعـلى سـبيل المثـال يـتمم صرف العـلاوات بمختلـف أنواعهـا للأفـراد الـذين يسـتحقون هـذه العلاوات.	وهي التـي تصرف للعـاملين جماعـات. وقـد تكـون معنوية أو ماليـة أو ماديـة. وقـد تكـون إيجابيـة أو سلبية. فعلى سبيل المثال: قد تصرف مكافآت معينة لفريق عمل أو لجنة أو قسم أو إدارة نظير قيـامهم جميعا بعمل مشترك، وتوزع المكافآت بينهم بنسـب معينة تقررها الإدارة بناء على رأي رئيسـهم المبـاشر وحسب مساهمة كل واحد منهم في العمل المشترك.

ومن أمثلة العلاوات التي يتم صرفها للعاملين في أي منظمة نذكر :

1- علاوة الكفاءة :

وهي عبارة عن زيادة في الأجر أو المرتب بناء على إنتاجية الفرد في عمله، وهي تمنح بعد فترة عام تقريبا، وحيث يثبت الفرد أن إنتاجيته عالية.

2- علاوة الأقدمية :

وهي تعويض كامل عن عضوية الفرد في المنظمة، وتعبيرا في إخلاصه لمدة عام.

3- العلاوة الاستثنائية :

وهي تمنح بسبب وجود أداء ومجهود مميز يستلزم التعويض الاستثنائي.

وكل العلاوات تتميز بأن تأثيرها تراكمي، أي أنه حيث يحصل عليها الفرد تصبح حقا مكتسبا له، وتضاف في الأمد على عوائد المستقبل.

ومن أمثلة الحوافز الجماعية التي تصرف على مستوى المنظمة ككل نذكر :

أ ـ المشاركة في الأرباح :

ويستفيد منها عادة غالبية العاملين في المنظمة، وهي عبارة عن استقطاع نسبة (وليكن 10%) من أرباح الشركة، ثم توزيعها على العاملين، ويتم التوزيع حسب المرتب، أو الدرجة، أو المستوى الإداري، أو كفاءة الأداء، أو أكثر من أساس واحد. ويتم التوزيع نقدا، ولمرة واحدة، أو تقسيمها على عدة مرات في السنة.

ب ـ خطط الاقتراحات :

ويطلق عليها أيضا توفير التكاليف، والسبب في ذلك أنها عبارة عن خطط لتشجيع الأفراد على وضح اقتراحات بشأن تخفيض تكاليف العمل والإنتاج. وأن الوفر في هذه التكاليف يمكن أن يكون أساسا مكافأة لحساب من قاموا بتقديم هذه الاقتراحات.

ج ـ ملكية العاملين لأسهم الشركة :

ويمكن اعتبار العاملين لأسهم الشركة هي أكثر الطرق المثالية لتقريب المشاركة في الناتج والأداء النهائي للمنظمة، وفي هذه الطريقة من حق العاملين امتلاك شركتهم بنسبة محدودة.

نقطة هامة خاصة بالحوافز الفردية والجماعية، ألا وهي أن الحوافز الفردية قد تثمر في المدى القصير، لكن لها آثار سلبية على روح الفريق وقد تؤدي إلى التنافس وعدم التعاون، لذا يفضل أن تقوم الحوافز على أساس أداء الفريق لا على أسس فردية.

التصنيف رابع:

1 حوافز رسمية	2 حوافز غير رسمية
مثل:	مثل:
ويقصد بها أي حوافز صدر بها قرار من قبل المنشأة أو المنظمة. ومن أمثلتها: • الترقيات. • العلاوات.	ويقصد بها أي حوافز لم يصدر بها قرار من قبل المنشأة أو المنظمة، ومن أمثلها: • الثناء والشكر. • إزجاء المديح. • خطاب تقدير غير رسمي.

التصنيف الخامس:

يضيف على محمد عبدالوهاب تصنيفا خامسا للحوافز، هو: حوافز أساسية وحوافز بديلة.

ويقصد بالحافز الأساسي - ماديا كان أو معنويا، فرديا أو جماعيا - ذلك الحافز المخصص لإشباع حاجة معينة، ويقدم للأفراد نظير القيام بمجهودات معينة. فإذا قاموا بهذه المجهودات حصلوا على الحافز. ولكن يحدث أحيانا ألا تستطيع الإدارة تقديم نفس الحافز لأعداد كبيرة من العاملين، أما بسبب قلة الإمكانات أو ضخامة

أعداد العاملين. وهي في نفس الوقت تريد إرضاء أكبر عدد ممكن منهم - حتى لا تسبب لهم إحباطا أو شعورا بالحرمان عندما يقارنون بعضهم بعضا. وفي هذه الحالة تلجأ الإدارة لحوافز بديلة، بمعنى أن تعطي الأفراد حوافز أخرى لا ترقي لمرتبة الحوافز الأساسية ولا تساويها في المقدار، ولكنها تعوضهم عن فقد الحافز الأساسي. وقال ذلك تقديم وسام تقدير بدلا من المكافأة التشجيعية.

ويجب أن تتنبه الإدارة إلى أن الأفراد يختلفون في استجابتهم للحوافز البديلة. فقد يقبلها البعض راضيا، ويقبلها البعض الآخر على مضض، ويرفضها آخرون، ويستنكرها بعضهم. وربما سببت إحباطا لنوعية معنية من الموظفين. ولذا كان مهما أن تحدد الإدارة بوضوح الأسس التي تعطي بناء عليها الحوافز الأساسية والبديلة. وأن يفهم العاملون هذه الأسس ويقتنعوا بها، وإلا أصبحت الحوافز البديلة مصدرا لعدم رضا العاملين، بدلا من أن تكون سببا في رضاهم.

أنواع جديدة من الحوافز:

اقترح محمد مرعي مرعي أنواع جديدة من الحوافز يمكن الاستفادة منها في عملية تحفيز العاملين لمزيد من الأداء المتميز والإنتاجية ولزيادة درجة الرضاء الوظيفي والولاء التنظيمي لديهم، هي كالتالي:

- **صالة الصور:**

يتم ذلك عبر تخصيص صالة تضم صورا لأصحاب الأداء المتميز أو الإنجاز الكبير، ويستدعى إليها زوار الشركة/ المؤسسة للتعرف على المتميزين في الشركة من حيث الأداء.

- **مجموعات (ألبومات) الصور:**

يتم ذلك عبر إنشاء مجموعة صور تضم صور كل الأشخاص الذين قدموا إنجازات متميزة، وملخصا عن تلك الإنجازات وبحيث يعرض للزوار خلال العام اللاحق على إنشائه.

- **استعراض مراحل المشروعات:**

يتم ذلك عبر تخصيص أماكن في بهو الاستقبال، توضح صورا لمراحل كل مشروع عمل ناجح، وصورا للعاملين المتميزين فيه، وإنجازاتهم، وتقديمها للزوار إلى حين الانتهاء من إنجاز المشروع.

- **قمصان/ سترات الإنجاز:**

تصنيع قمصان/ سترات خاصة بالإنجاز المحقق، وتقديمها للأشخاص المستحقين اعترافا بفضلهم وبإنجازاتهم بعد الانتهاء من النشاط، بهدف إظهار الإنجاز وأصحابه للآخرين.

- **مجلة الحائط:**

إعداد مجلة حائطية تضم صورا للأشخاص الذين قدموا إنجازات متميزة، أو كان أدائهم عاليا، مع توصيات الزملاء على الأداء وطريقته والمهارات المستخدمة خلاله للتعبير عن تقديرهم لأصحاب الاستحقاق.

- **استخدام مواقف السيارات:**

تخصيص العاملين الذين يمتدحهم الزبائن والزوار خلال علاقاتهم مع المؤسسة بمواقف سيارات مخصصة لكبار المسئولين في المؤسسة، لهم ولمدة أيام محددة، وتدوين أسمائهم على الأماكن المخصصة، ودواعي تخصيص تلك المواقف.

- **تبديل المكتب/ الأثاث:**

تُصدر الإدارة توجيهات تقضي بتبديل مكتب الشخص أو أثاث مكتبه تكريما له على أدائه المتميز أو إنجازاته، وبحيث يتم إعلان ذلك للآخرين وتوضيح الأسباب التي دفعت إلى هذا الإجراء.

- **فرصة تزكية موظف جديد:**

يطلب الرئيس/المدير من الموظف صاحب الأداء المتميز أن يزكي شخصا يعرفه لوظيفة في المؤسسة، أو لأداء مهمة كبرى تزمع المؤسسة القيام بها، وتنفذ التزكية لتحقق الشعور بالاعتبار لدى الموظف الذي قدم التزكية.

- **يوم التواصل الاجتماعي:**

تخصص إدارة المؤسسة يوما محددا لإجراء التواصل الاجتماعي مع الأشخاص الذين قدموا إنجازات متميزة، وكان أدائهم عاليا، وتتبادل معهم الأحاديث والمشورات، وتستمع إلى أفكارهم المتعلقة بالعمل.

- **المقابلة الإيجابية:**

تنتقي المؤسسة الأشخاص الذين يؤدون أعمالا كبيرة ويحققون إنجازات متميزة، وتعقد معهم اجتماعا، يتم فيه طرح المشكلات التي تواجهها المؤسسة، وتطلب منهم تقديم الآراء والحلول، وقد تعقد ذلك بشكل أسبوعي أو شهري.

- **استقبال الموظف الجديد:**

يحدّد مدير المؤسسة موعدا لمقابلة الموظف الجديد، ويتصل به، ويقابله المدير، ويرحب به وبإسهاماته بشكل لائق، ويعرفه على الأشخاص الذين سيتعامل معهم بشكل مباشر.

● **مقابلة المدير:**

إجراء مقابلة خاصة مع المدير/ رئيس المؤسسة للتعبير عن مناسبة التميز والإنجاز الكبير، وبحيث تصبح فرصة للشهرة، والشعور بالاعتبار والتقدير الأمر الذي يدفع الشخص إلى تقديم المزيد من الجهود.

● **جناح التميز:**

يتم ذلك عبر تخصيص مكان باسم الشخص المتميز في الأداء، وتوضع يافطة كتب فيها «هذا جناح السيد/ السيدة ......» وفتحه أمام الزوار، وبيان الإنجازات المحققة بشكل موجز في اليافطة.

● **ملاحظة الإنجاز الخاص:**

يتم ذلك عبر كتابة ملاحظة سريعة وموجزة بخط اليد على لافتة صغيرة أو بطاقة، وبحيث تحوي عبارات الثناء على الإنجاز الأفضل الذي تحقق، والانطباعات الخاصة عن النشاط، وتثبيتها على باب مكتب / موقع عمل الشخص المعني، ثم يُطلب من الأشخاص الآخرين الحضور في وقت لاحق لمشاهدة الملاحظة.

● **المكالمات الهاتفية الخاصة:**

يجري المدير مكالمة هاتفية مع صاحب الإنجاز/ الأداء المتميز، على خط هاتفه في مكتبه أو على خط هاتف بيته، ويشكره فيها على إنجازاته وأدائه، ويُذكر ذلك الإجراء في صحيفة المؤسسة.

● **شهادة تقديرية نسيجية:**

منح العامل صاحب الأداء المتميز شهادة تقدير مصنوعة من نسيج، ونسج اسمه عليها، وكتابه موضوع التقدير وعبارة ثناء موقعة من المدير.

● **بطاقة الجدية في العمل:**

يُمنح الشخص المستحق بطاقة كتب عليها ملتزم بجدية في العمل، وذلك إثر ملاحظة/ مشاهدة حقيقية من رئيسه في العمل في موقف عملي ما، وبحيث يحق للموظف حين تجميع عدد من مثل تلك البطاقات مثلا (خمس بطاقات)، يحق له استبدالها بسلعة ذات قيمة اشترتها المؤسسة للغاية نفسها.

● **هاتف محمول لمدة محددة:**

تقدم إدارة المؤسسة هواتف محمولة مع اشتراك مدفوع القيمة مسبقا ولمدة محددة، لبعض الأشخاص من ذوي الأداء المرتفع، أو الإنجازات الكبيرة وذلك تكريما لهم على أدائهم.

ملاحظات على أنواع الحوافز :

1- هناك عوامل عديدة يمكن أن تحفز الموظف /العامل لبذل مزيد من الجهد.

2- الحوافز متعددة ومتنوعة.

3- الحوافز متداخلة مع بعضها، فيكون الحافز معنويا وماليا وماديا وفي الوقت نفسه إيجابيا، ومن أمثلة ذلك الترقية.

4- النقود (الحوافز المالية) ليست هي الدافع الوحيد للعمل، فقد أكدت العديد من الدراسات أن كثيرا من الناس يستمرون في العمل حتى ولو كان الراتب غير مناسب، وذلك لتحقيق أهداف أخرى مثل: إشباع حاجاتهم إلى النجاح والطموح وتقدير الذات وتحقيق الذات...

5- الحوافز الفردية قد تثمر في المدى القصير، لكن لها آثار سلبية على روح الفريق وقد تؤدي إلى التنافس وعدم التعاون، لذا يفضل أن تقوم الحوافز على أساس أداء الفريق لا على أسس فردية.

6- قيام المنظمات بعمل الترتيبات اللازمة لإشباع حاجات العاملين ورعايتهم ورعاية أسرهم، يعتبر نوعا من التحفيز الإيجابي سواء الفردي أو الجماعي، بمعنى أن إشباع الحاجات الإنسانية أمر له أهمية في الدافعية للعمل.

حالة عملية: السلوك القيادي والحوافز المعنوية:

تعد قصة فرع شركة N.C.R، باسكتلنده مع الأمثلة الجيدة الدالة على أن وجود قيادة فعّالة مع إدارة كفء هو أساس النجاح لأي مشروع. فقد كان فرع الشركة ينتج آلات حاسبة، وآلات صرافة، وأجهزة حسابية حتى مطلع السبعينيات، ولكن مع ظهور تكنولوجيا جديدة ومنافسة قوية كان لابد من إحداث التغيير. وبدأت عملية التغيير والتحديث اللازمة فعلا بخلق خطوط إنتاج جديدة تعتمد على التكنولوجيا المتطورة أكثر من اعتمادها على الأيدي العاملة الكثيفة، مما أدى إلى تقليص العمالة من مائة ألف إلى ستين ألف فقط، وقد أدى ذلك إلى هبوط الروح المعنوية ومستوى الأداء بين بقية العاملين. فحاولت الشركة معالجة هذه المشكلة الكارثة بفرعها في اسكتلنده عن طريق إعطاء العاملين مزيدا من الحرية في اتخاذ القرارات وفي اختيار المنتج، وحققت نجاحا نسبيا إذ بدأت الشركة في إنتاج نوع جديد من بنوك الحائط وقامت بتوزيعه على بعض البنوك في إنجلترا، إلا أنه سرعان ما بدأت تظهر عيوب خطيرة في تشغيل المنتج الجديد مما أدى إلى توقف طلبات الشراء وزيادة المخزون، مما دفع بإدارة الشركة في الولايات المتحدة للبحث عن مدير جديد لفرع الشركة في الولايات المتحدة للبحث عن مدير جديدة لفرع الشركة في اسكتلنده، ونجحت مساعيها في التعاقد مع المهندس أندرسون الاسكتلندي الأصل والذي كان يتمتع بمواصفات ملائمة من حيث خلفيته الهندسية ومعرفته بظروف الواقع من حوله.

وبدأ أندرسون عمله بالقيام بعدة زيارات إلى مواقع البنوك المختلفة التي أبلغت عن أعطال بالآلات التي استلمتها حديثا، بالإضافة إلى عقد اجتماعات شبه يومية مع مجموعة من المديرين واجتماعات شبه يومية مع مجموعة من المديرين واجتماعات شهرية مع كل العاملين يتم خلالها الاتفاق على خطة لإصلاح الماكينات في أماكن وجودها بجلا من نقلها، مع خطة أخرى لإعادة تصميم النموذج وتعديل خطوط الإنتاج بما يتلافى الأخطاء والسلبيات السابقة.

وبعد فترة وجيزة بدأت هذه الخطة تؤتي ثمارها في شكل تلقي طلبات جديدة بعد أن تم إصلاح التالف، وبدأت الشركة تستعيد مصداقيتها في السوق مرة أخرى.

وفور تحقيق هذا النجاح بدأ أندرسون في تقوية صِلاته بالعاملين ومطالبتهم بالتعاون المستمر معه وإبلاغه بالمعلومات أولا بأول سواء كانت حسنة أو سيئة، كما دعم ذلك بتشجيع المديرين على عقد اجتماعات دورية مع مرؤوسيهم للتعرف على آرائهم والمشكلات التي تؤرقهم.

وقد كان لتركيزه على الجودة وإصراره على أنها أساس النجاح أكبر الأثر في تحقيق الحلم الذي طالما كان يراوده بإنتاج جيل جديد من بنوك الحائط لها نفس الجودة الموجودة لدى أي شركة منافسة إن لم تتفوق عليها. وكانت أولى خطواته لتحقيق ذلك تقسيم مهندسي المصنع إلى مجوعتين. مجموعة مسئولة عن إنتاج وتطوير جيل جديد، ومجموعة أخرى لتحسين الجيل الموجود في الخدمة.

وعن طريق طرح مجموعة من الأسئلة مثل ما هي عناصر النجاح؟ ومن هم منافسونا؟ ما هي إستراتيجيتهم؟ ما هو سر نجاحهم؟ ما هي إستراتيجيتنا؟ ما هي رغبات العملاء؟ بطرح هذه الأسئلة على نفسه وعلى العاملين معه، تمكن أندرسون من استيضاح الرؤية ومن وضع الاستراتيجية الواضحة لتحقيقها، ثم شرحها

للعاملين مما أدى إلى التزامهم بها وشعورهم بوجود حافز حقيقي على تخطي أية عقبات، فالخطة التي ينفذونها بدأت منهم وتنتهي إليهم.

وقد اكتملت عناصر النجاح مع وجود إدارة على درجة عالية من الكفاءة ساعدت على التخطيط والرقابة وتوفير هيكل تنظيمي يساعد على تحويل التصور إلى واقع. فكان ظهور الجيل الجديد من هذه الآلات بجودة تفوق المنافسين سببا في زيادة نصيب الشركة في السوق العالمي إلى 42% وبدأ المنافسون يتساقطون.

ومن الواضح أن أحد الأشياء الهامة التي تبرزها هذه القصة الأهمية الكبيرة لوجود القيادة الواعية المدركة للدور الذي يمكن أن تقوم به داخل المؤسسة ودفعها لاحتلال مركز متقدم في السوق، ولأهمية الحوافز المعنوية في كسب رضاء واهتمام وحماس العاملين تجاه التحدي الذي أمامهم.

الفصل التاسع
التحفيز الوظيفي الفعّال

أشتمل هذا الفصل على:

- 📖 المبادئ الأساسية لنظام التحفيز الفعّال.
- 📖 خصائص نظام التحفيز الجيد.
- 📖 مراحل تصميم نظام الحوافز.
- 📖 أساليب التحفيز التي يمكن للمدير استخدامها.
- 📖 استقصاء: القدرة على اختيار أساليب التحفيز.
- 📖 حالة عملية: خطط مبتكرة للتحفيز في ثلاث شركات صغيرة.
- 📖 الحوافز وتحقيق الرضا الوظيفي.

الفصل التاسع

التحفيز الوظيفي الفعّال

«تتمثل إحدى طرق الفوز بدعم الموظفين وضمان حماسهم لتحقيق أهداف المنظمة، في مكافآتهم بأكثر مما توقعوا»

روبرت جي. مكارتي

المبادئ الأساسية لنظام الحوافز الفعّال:

حدد كل من حسن محمد خير الدين وزملاؤه (2000) عدد من المبادئ الأساسية لنظام الحوافر الفعّال، هي كالتالي:

1- مبدأ التبعية:

ونقصد به أن الثواب والعقاب ينبغي أن يكون تابعا أو معتمدا على السلوك المرغوب بمعنى أن الموظف الذي يكون أداءه متميز وفوق مستوى معين يمكن أن يتم تحفيزه بمحنه زيادة في راتبه. وهنا نقول أن الحافز «الزيادة في الراتب أو الأجر تتبع السلوك (الأداء المتميز)». وذلك عكس الحال لو حصل الموظف على زيادة سنوية عادية في راتبه فإن الثواب هنا لا علاقة له ولا يتبع أي سلوك معين أو مستوى أداء. إن تنفيذ مبدأ إتباع الثواب والعقاب بالسلوك يسمح للموظفين في القيام بسلوك يعرفون مسبقا أنه مجزئ لهم.

2- مبدأ الإدراك:

نقصد بذلك أنه لكي ينجح مبدأ التبعية بين الحوافز والسلوك لابد أن يكون الناس مدركين للعلاقة الموجودة في هذا المبدأ. ففي المثال السابق إذا لم يعرف الموظف مسبقا أن زيادة راتبه ستتبع ارتفاع مستوى أدائه فلن يكون لمبدأ التبعية أي وجوده. ومن هذا يجب على المشرف عندما يريد أن يقيم علاقة تبعية بين الحوافز والسلوك المرغوب ينبغي أن ينقل هذا المبدأ إلى الموظفين وإلا فإنهم لن يتعرفوا على هذا المبدأ.

3- مبدأ التوقيت:

فالحافز أو الثواب الذي يتبع السلوك بسرعة يكون أفضل من الذي يحدث بع فترة طويلة من حدوثه، لذلك ينبغي على المشرف إذا وجد أن الموظف قام بسلوك مرغبو وأداء متميز أن يتبع ذلك بصرف حافز له في أسرع وقت حتى يشعر بعلاقة التبعية بين الحافز والسلوك.

4- مبدأ الحجم:

ويتعلق هذا المبدأ بكبر أو صغر الحافز نفسه، فالحافز الكبير سيكون له أثر أكبر من الحافز الصغير.

5- مبدأ النوع:

يتعلق هذا المبدأ بأنواع الحوافز المقدمة فقد تكون حوافز مادية كالمال والجوائز والترقيات والعطلات. وقد تكون حوافز غير مادية مثل الرضا الوظيفي والغرور والاستحسان من المشرف. ويختلف الأفراد فيما بينهم بالنسبة لنوع الحوافز التي يفضلونها ويمكن للمشرف من خلال المواقف المختلفة التي يوجهها مع المرؤوسين ومن خلال تعامله معهم أن يتعرف على نوع الحوافز التي يفضلها كل منهم حتى يمكنه أن يحقق علاقة التبعية بين الثواب (الحافز) والسلوك المؤدي من كل منهم.

6- مبدأ الثبات:

ونقصد بذلك أن يكون نظام الحوافز ثابتا عبر الوقت وبين الأفراد. بمعنى آخر ينبغي على المشرف أن يكافئ كل المرؤوسين لنفس الشيء (حتى وإن اختلفت الحوافز حسب درجة تفضيل كل منهم للأنواع المختلفة للحوافز). وينبغي أن تقدم المكافأة على نفس الأشياء. مثال ذلك لو أن أحد المرؤوسين كان أدائه جيد ونال تقديرا من المشرف فإن المرؤوسين الآخرين يجب أن ينالوا تقدير مماثل في حالة الأداء الجيد وهكذا.

7- مبدأ التحكم:

ويتعلق بدرجة تحكم الموظف في السلوك الذي يرغبه المشرف. فإذا كان للموظف سيطرة تامة على السلوك المرغوب (كأن يكون ملتزما بمواعيد العمل الرسمية في الحضور والانصراف) فإن تطبيق مبادئ نظام الحوافز يمكن أن تؤثر على السلوك. أما إذا كان الموظف لا يستطيع التحكم في السلوك لظروف خارجة عن إرادته؛ مثال ذلك عدم قدرة الموظف على القيام بعمله بالجودة أو المستوى المطلوب بسبب مانع صادر من قسم آخر فإن استخدام الحوافز هنا يخلق له نوع من الإحباط.

خصائص نظام التحفيز الجيد :

1- الإدارة الجيدة هي التي تطبق نظاما عاملا وموضوعيا للتحفيز.

2- الإدارة الجيدة هي التي تطبق نظاما واضحا ومفهوما للحوافز ويسهل حسابه من قبل العاملين.

3- الإدارة الجيدة هي التي تحدد بوضوح السلوك اللازم للحصول على الحوافز.

4- الفورية: الإدارة الجيدة هي التي تقدم الحوافز المناسبة في حينها. بمعنى أن يكون الحافز سواء إيجابيا أو سلبيا معاصرا للواقعة التي تقتضي تطبيق الحافز حتى يشعر الفرد بناتج جهده أو خطأه.

5- ضرورة وجود نظام للحوافز الإيجابية لتشجيع العاملين لمزيد من الجهد والإخلاص والتميز في الأداء والابتكار...

6- ضرورة وجود نظام للحوافز السلبية لتحقيق التوازن في عملية التحفيز، ولضمان جدية العاملين ولمحافظة الإدارة على هيبتها... وبالتالي تطبيق مبدأ الثواب والعقاب.

7- لابد أن يحقق نظام الحوافز عائدا أكبر أو مساويا بالمقارنة بما تتكلفه المنظمة نظير دفع الحوافز.

8- العلانية: بمعنى أن يعلم جميع العاملين في المنظمة بالحافز الذي أعطى للموظف: للعامل أو لمجموعة من العاملين سواء إيجابيا أو سلبيا حتى يكون فيه تحفيز لهم ببذل جهد أكبر أو الامتناع عن سلوك مسلك معين.

9- ينبغي أن تعمل الحوافز على ربط الفرد بالمنظمة التي يعمل بها وتفاعله معها عن طريق ربط الحافز بالأداء الجيد.

10- أخذ ثقافة المنظمة في الاعتبار عند تصميم نظم التحفيز، لذلك يجب على الخبراء في هذا الصدد أن يحدثوا نوعا من التوافق بين ثقافة المنظمة وبين نظام التحفيز المستخدم.

مراحل تصميم نظام الحوافز :

يحدد هيثم العاني مراحل تصميم نظام الحوافز كالتالي :

1- تحديد هدف النظام :

تسعى المنظمات إلى أهداف عامة واستراتيجيات محددة، وعلى من تقوم بوضع نظام للحوافز أن يدرس هذه جيدا، ويحاول بعد ذلك ترجمته في شكل هدف لنظام الحوافز، وقد يكون هدف نظام الحوافز تعظيم الأرباح أو رفع المبيعات والإيرادات

أو قد يكون تخفيض التكاليف أو التشجيع على الأفكار الجديدة، أو تشجيع الكميات المنتجة، أو تحسين الجودة، أو غيرها من الأهداف.

2- دراسة الأداء:

وتسعى هذه الخطوة إلى تحديد وتوصيف الأداء المطلوب، كما تسعى إلى تحديد طريقة لقياس الأداء الفعلي. أن تحديد وتوصيف الأداء المطلوب يستدعي ما يلي:

أ - وجود عدد سليم للعاملين.

ب- وجود وظائف ذات تصميم سليم.

ج- وجود سيطرة كاملة للفرد على العمل.

د- وجود ظروف عمل ملائمة.

3- تحديد ميزانية الحوافز:

ويقصد بها ذلك المبلغ الإجمالي المتاح لمدير نظام الحوافز كلي يتفق على هذا النظام، ويجب أن يغطي المبلغ الموجود في ميزانية الحوافز البنود التالية:

أ - قيمة الحوافز والجوائز: وهي يمثل الغالبية العظمى لميزانية الحوافز. وتتضمن بنودا جزئية مثل المكافآت، والعلاوات، والرحلات، والهدايا وغيرها.

ب- التكاليف الإدارية: وهي تغطي بنودا مثل تكاليف تصميم النظام وتعديله والاحتفاظ بسجلاته واجتماعاته وتدريب المديرين على النظام.

ج- تكاليف الترويج : وهي تغطي بنودا مثل النشرات والكتيبات التعريفية والملصقات الدعائية والمراسلات. وخطابات الشكر والحفلات متضمنة بنودا خاصة أخرى بها.

أساليب التحفيز التي يمكن للمدير استخدامها:

يمكن لك عزيزي المدير أن تزيد فاعليتك في تحفيز مرؤوسيك إذا قمت بما يلي :

1- تعرف بدقة على أهداف منظمتك، وانقلها بصورة محددة وواضحة لهم، فهي تعتبر أهدافا لهم أيضا.

2- تعرف على حاجات العاملين وميولهم واتجاهاتهم، وتعامل معهم على هذا الأساس، (راع مبدأ الفروق الفردية).

3- الحوافز الممنوحة يجب أن تكون على أساس الأداء، وليس على أساس آخر.

4- استمع إلى اقتراحاتهم، فتحفيز المتميز منهم يحفزهم لمزيد من الجهد في العمل.

5- حاول دائما أن تكون المكافأة ذات «قيمة» بالنسبة للفرد ومتمشية مع رغباته.

6- قدم المكافأة عن السلوك أو الإنجاز المطلوب أمام الجماعة لتحميس باقي الأعضاء.

7- اشرح طبيعة المهام لمرؤوسيك، ودربهم بنفسك، ثم تابع الأداء.

8- قدم المكافأة بعد تحقيق النتائج المطلوبة مباشرة كلما أمكن ذلك. يقول الرسول < - ما معناه - «أعط الأجير حقه قبل أن يجف عرقه».

9- لا تعط مرؤوسيك مهام تافهة أو عديمة الأهمية.

10- تعرف على إمكانات المنظمة الشركة بالنسبة لمنح الحوافز المالية والمادية وصلاحيتك في هذا المجال.

11- إذا لم تستطع تقديم الحوافز المالية والمادية، فإنك قادر في جميع الأحوال على تقديم الحوافز المعنوية.

12- قدم معلومات مستمرة لمرؤوسيك عن مدى التقدم في الإنجاز.

13- تعرف على إجراءات العقاب المدرجة بلائحة المنظمة، وكيفية استخدامها.

14- شجع المشاركة وروح التعاون بين مرؤوسيك.

استقصاء
القدرة على اختيار أساليب التحفيز المناسبة

إليك مجموعة من العبارات والمواقف والقرارات، تختلف اتجاهاتك تجاه كل منها، ضع علامة (✓) أمام الخانة التي تعتقد أنها تعبر عن موقفك.

م	العبارة	أوافق تماما 5	أوافق 4	أحيانا 3	لا أوافق 2	لا أوافق تماما 1
1	تحفيز المرؤوسين على العمل يتطلب معرفة احتياجاتهم ودوافعهم.					
2	لكل مجموعة من الحاجات الأسلوب الذي يناسبها للتحفيز.					
3	من أهداف التعزيز الإيجابي للسلوك التنظيمي المرغوب فيه.					
4	أسلوب تحفيز المرؤوسين يؤثر بدرجة كبيرة في درجة رضاهم الوظيفي.					
5	يجب اختيار أساليب التحفيز التي تتناسب مع إشباع حاجات المرؤوسين.					
6	يؤدي اختيار أسلوب التحفيز المناسب إلى تشجيع القدرات الابتكارية لدى الأفراد في المنظمة.					
7	أساليب التحفيز التقليدية غير كافية، لأنها لا تتيح للإدارة التحفيز الإيجابي المرغوب فيه.					
8	الاختيار الجيد لأساليب التحفيز يؤدي إلى تحسين كفاءة الأداء ورفع الإنتاجية في المنظمة.					

م	العبارة	أوافق تماما 5	أوافـــق 4	أحيانـــا 3	لا أوافق 2	لا أوافق تماما 1
9	من الضروري البحث عن أساليب جديدة للتحفيز طالما أن أهداف المنظمة تتحقق.					
10	معرفة المرؤوسين بأساليب التحفيز المتاحة تـؤدي إلى تقليـل المشكلات مع الإدارة					
11	مـن الضرـوري توقيـع العتـاب فـور حـدوث السـلوك غـير المرغوب فيه.					
	الدرجــات =					
	مجموع الدرجات =	---- درجـــة				

تفسير الدرجات:

1- إذا حصلت على 36 درجة فأكثر فإن قدرتك ممتازة على اختيار أساليب التحفيز المناسبة.

2- إذا حصلت على 18 - 35 درجة فإن قدرتك جيدة على اختيار أساليب التحفيز المناسبة.

3- إذا حصلت على 17 درجة فأقل فإن قدرتك ضعيفة على اختيار أساليب التحفيز المناسبة.

حالة عملية: خطط مبتكرة للتحفيز في ثلاثة شركات صغيرة (*) :

لقد مرت شركة روجان Rogan لإنتاج المفاتيح الكهربائية المصنوعة من البلاستيك بأوقات عصيبة خاصة بعد ظهور بعض البدائل الإلكترونية الحديث ففقدت الكثير من عملائها بسبب ارتفاع السعر الناتج عن ارتفاع أجور تشغيل 107 موظف يعملون بالشركة.

ولقد فكرت الشركة في نظام جديد لدفع الأجور والتحفيز يساعد على تخفيض التكاليف. ولقد كان ملخص الفكرة يقوم على إعطاء العاملين نسبة من الوفر في التكاليف مما ساعد على تحسين الموقف وشجع العاملين على بذل قصارى جهدهم لإدخال تطويرات وتحسينات تساعد على تحقيق أكبر وفر في التكاليف.

ولقد طبقت شركة آسبكت كمينكيشن Aspect Communications وهي شركة صغيرة لإنتاج معدات الاتصال فكرة مشابهة ولكنها بدلا من أن تحفز العاملين من خلال مشاركتهم في الوفر في التكاليف فقد ربطت بين ما يحصلون عليه من أجر بخدمة المستهلك من ناحيتين: مدة بقاء منتجات الشركة في خدمة العملاء، ومدى رضا العميل وبالطبع فإن مدى الاهتمام بهاتين الناحيتين سينعكس على الأرباح التي يحصل العاملين على نصيب منها، ولقد دفعت تلك السياسة العاملين في الشركة إلى وضع خدمة العميل نصب أعينهم حتى تزيد أرباح الشركة ويزيد نصيبهم منها تبعا لذلك.

ولقد طبقت شركة كالفرت Calvert وهي إحدى الشركات المالية سياسة شبيهة حيث كانت تعطي العاملين نصيبا من أرباح الشركة يقسم إلى جزئين؛ الأول ويخصص لمكافأة الأداء المتميز من جانب بعض العاملين، والجزء الثاني يوزع في نهاية العام يوزع في نهاية العام بانتظام.

(*) المصدر: جيرالد جرينبرج وروبرت بارون (2004).

وبالطبع كلما كان أداء العاملين أفضل كلما انعكس على أرباح الشركة واستفاد العاملون من ذلك. ولم يقف تصرف شركة Calvert عند هذا الحد بل لجأت إلى سياسة غير مألوفة تساعد الموظفين على توفير نفقاتهم الشخصية مثل نفقات المواصلات وغسيل الملابس ونوعية الملابس المطلوبة للعمل حيث كانت تعوضهم عن بعض تلك البنود بطريقة أو بأخرى.

أسئلة:

1- أشرح كيف يمكن الاستعانة بمفاهيم العدالة التنظيمية لشرح نجاح الشركات السابقة في برامج الحوافز التي طبقتها.

2- إن نظام التحفيز الفعّال لا يعني مجرد العدل في الدفع المادي. أشرح كيف استفادت الشركات السابقة من تلك الحقيقة.

3- هل يمكن أن تطبق نظم الحوافز السابقة بنجاح في الشركات الكبرى؟ لماذا توافق أو لا توافق؟

الحوافز وتحقيق الرضا الوظيفي:

مما لاشك فيه أن للحوافز دور فعّال في تحقيق الرضا الوظيفي Job Satisfaction لدى العاملين بالمنظمة. ويوضح حسن محمد خير الدين وزملاؤه (2000) العلاقة بين الحوافز والرضا الوظيفي كالتالي:

يرتبط مفهوم الرضا الوظيفي بمفهوم السعادة التي تحقق عن طريق العمل ويعبر عن مجموع المشاعر الوظيفية أو الحالة النفسية التي يشعر بها الفرد نحو العمل. وقد يعبر الرضا عن مدى الإشباع الذي يتصور الفرد أن حققه من عمله. فكلما تصور الفرد أن عمله يحقق له إشباعا كبيرا لحاجاته كلما كانت مشاعره نحو هذا العمل إيجابية. وكان راضيا عن عمله.

ويعتبر الرضا عن العمل محصلة عناصر الرضا التي يتصور الفرد أنه يحصل عليها من عمله وفي صورة أكثر تحديدا يمكن أن نوضح الكلام السابق من خلال المعادلة التالية:

الرضا عن العمل   =   الرضا عن الأجر + الرضا عن محتوى العمل + الرضا عن فرص الترقي + الرضا عن الإشراف + الرضا عن جماعة العمل + الرضا عن ساعات العمل + الرضا عن ظروف العمل.

وفيما يلي تناول لهذه العوامل بشيء من التفصيل:

1- الرضا عن الأجر:

إن الأجر الذي يحصل عليه العامل لا يعتبر وسيلة لإشباع الحاجات الفسيولوجية فقط ولكنه يعطي الفرد الشعور بالأمن ويركز إلى المكانة الاجتماعية، وكذلك ينظر إليه الفرد كرمز لتقدير وعرفان المنظمة لأهميته وكذلك أحيانا يكون الأجر وسيلة لإشباع الحاجات الاجتماعية من خلال ما يتيحه للفرد من تناول المجاملات الاجتماعية مع الآخرين، ومن هنا نجد أن الأجر له أهمية كبرى لدى الفرد وأن عدالة الأجر المدفوع للفرد والذي يقدر به جهوده وعمله في المنظمة يكون عامل هام من عوامل رضا الفرد عن وظيفته التي يشعلها في المنظمة.

2- الرضا عن محتوى العمل.

سبق أن تحدثنا عن محتوى العمل كحافز للفرد، وذكرنا أن طبيعة العمل محتواه لها تأثير قوى على العاملين وتحفزهم على العمل. ومن هنا نجد أن طبيعة المهام التي

يؤديها الفرد في عمله تلعب دورا هاما في التأثير على رضا الفرد في عمله. ومن أهم متغيرات محتوى العمل ما يلي:

أ - درجة تنوع مهام العمل. فكلما كانت درجة تنوع مهام العمل عالية كلما زاد الرضا عن العمل والعكس صحيح.

ب- درجة السيطرة الذاتية المتاحة للفرد. فكلما زادت حرية الفرد في اختيار طرق أداء العمل وفي اختيار السرعة التي يؤدي بها العمل كلما زاد رضاه عن العمل.

ج- استخدام الفرد لقدرته. فكلما أتاح العمل الذي يقوم به الفرد الفرصة له لكي يستخدم قدراته ومهاراته كلما زاد رضاه عن العمل والعكس صحيح.

3- الرضا عن فرص الترقي:

حيث أشارت نتائج الدراسات إلى أن هناك علاقة طردية بين توفير فرص الترقي والرضا عن العمل. فكلما كان طموح الفرد أو توقعات الترقية لديه أكبر مما هو متاح فعلا كلما قل رضاه عن العمل، والعكس صحيح. ولاشك أن تعدد فرص الترقي وإتاحتها أمام العاملين يمثل حافزا قويا لهم على بذل مزيج من الجهد في العمل وتحسين الأداء ويحقق الرضا في النهاية.

4- الرضا عن الإشراف:

فكلما كانت العلاقة بين الرئيس ومرؤوسيه ودية وكان الرئيس مهتما بمرؤوسيه ومتفهم لسلوكهم وحريص كل الحرص على إعطائهم حقوقهم كاملة، كل هذا يكسب المشرف ولاء مرؤوسيه ويحقق رضا عال عن العمل بين المرؤوسين.

5- الرضا عن جماعة العمل:

كلما كان هناك تفاعل بين الفرد وبين أفراد الجماعة التي يعمل فيها وكلما كانت هذه الجماعة وسيلة من وسائل إشباعه لحاجاته من خلالها فإن ذلك يزيد من درجة الرضا لدى الفرد والعكس صحيح.

6- الرضا عن ساعات العمل:

فكلما أتاحت ساعات العمل للفرد حرية استخدام وقت الراحة كلما زاد رضا الفرد عن العمل، وذلك بشرط أن تكون منافع وقت الراحة لدى الفرد عالية.

7- الرضا عن ظروف العمل:

ويقصد هنا بظروف العمل بيئة العمل الداخلية من إضاءة وتهوية وحرارة ورطوبة وضوضاء ونظافة. فكلما كانت بيئة العمل مناسبة فإن ذلك يزيد من درجة رضا الفرد عن عمله وكان بمثابة حافز له على زيادة الإنتاجية والعمل الجاد.

مما سبق يتضح لنا مدى العلاقة بين تحفيز الأفراد في مجال العمل وتحقيق الرضا الوظيفي حيث وجدنا أن معظم الحوافز الإيجابية التي تحدثنا عنها هي بمثابة عوامل للرضا الوظيفي التي أوردناها. معنى ذلك أن الحوافز الإيجابية وعوامل الرضا وجهان لعملة واحدة، وأن النتيجة النهائية التي نحصل عليها من المناقشة السابقة للحوافز والرضا الوظيفي أن الحوافز الإيجابية تؤدي إلى زيادة الرضا الوظيفي والحوافز السلبية تقلل من الرضا الوظيفي.

الفصل العاشر
عوامل نجاح وفشل نظم التحفيز الوظيفي

أشتمل هذا الفصل على:

📖 مخاطر عدم استخدام نظام التحفيز في المنظمات.

📖 لماذا تفشل نظم التحفيز؟

📖 مثبطات حماس العاملين.

📖 العوامل المشعلة لحماس العاملين.

📖 أساليب القيادة الإدارية في التحفيز.

📖 قياس الروح المعنوية.

📖 معايير ومؤشرات تقييم نظام الحوافز.

الفصل العاشر

عوامل نـجاح وفشل نظم التحفيز الوظيفي

مخاطر عدم استخدام نظام التحفيز في المنظمات:

إذا لم تستخدم المنظمة نظام تحفيز فعال، فقد تتعرض للعديد من المخاطر يرصدها محمد مرعي مرعي كالتالي :

1- تدني مستوى الأداء لدى العاملين.

2- انخفاض معدلات الإنتاج والإنتاجية إلى مستويات أقل من الأهداف المحددة.

3- تراجع جودة المنتجات والخدمات.

4- زيادة الزمن المنفق على إنجاز المهام والأعمال عن الوقت الفعلي المحدد سابقا.

5- شعور العاملين بعدم الرضا في أعمالهم.

6- ابتعاد العاملين عن العمل في إطار التعاون، وتكريس النزعة المصلحية الذاتية.

7- سيادة اللامبالاة، وغياب روح المسئولية في الأعمال التي يقوم بها العاملون.

8- توجيه العاملين اللوم إلى بعضهم بعضا حين ظهور التقصير في العمل، والتنصل من تحمل الأخطاء وتحميلها للآخرين.

9- ارتفاع نسبة التغيبية المقصودة أي نسبة الغياب عن العمل Absenteeism تحت ذرائع مختلفة مثل (المرض، الظروف الاجتماعية ، ...).

10- ارتفاع نسبة دوران العمل Turnover وترك المؤسسة حين توفر فرص عمل في مؤسسات أخرى.

11- استغلال كل الفرص للتأخر عن الحضور إلى العمل، والسعي إلى مغادرته قبل الأوان.

12- الابتعاد عن مكان العمل في أوقات الراحة هروبا من بيئته ووسطه تحت ذرائع مختلفة (الزيارات، اللقاءات).

13- التعبير عن الشك والارتياب في جدوى كل قضية تطرح في المؤسسة، وسد آفاق النجاح.

14- ازدياد المطالب والشكاوى باستمرار في كل وقت ومناسبة تسمح بذلك.

15- ظهور علامات عدم السعادة على ملامح العاملين، والتذمر في كل موقف وحالة.

16- ازدياد حوادث العمل وأمراضه المهنية نتيجة الأخطاء الحاصلة وحالات الإهمال حين الممارسة.

17- عدم تمتع الإدارة بالاحترام والتقدير من العاملين في المؤسسة، واتهامها بالتقصير في حقوقهم وتلبية احتياجاتهم.

لماذا تفشل نظم التحفيز ؟

يجيب جاري ديسلر Gary Dessler عن هذا السؤال من خلال توضيح الآتي:

1- الأجر المحفز لا يعد بديلا للإدارة الجيدة، فمكافأة الفرد عن مستوى أدائه يفترض أنها تحفزه على بذل المزيد من الجهد، ولكن ليس الحافز هو المتهم في كل الأحوال، فقد تكون هناك أسباب أخرى الإدارة هي الوحيدة المسئولة عنها مثل: غموض التعليمات، عدم وضوح الأهداف، عدم العناية بسياسات الاختيار والتدريب.

2- التركيز فقط على ما يمنح الحافز من أجله، حيث يشير علماء النفس إلى أن الأفراد يبذلون أقصى ما لديهم من جهد إذا عرفوا أنهم سوف يكافئون عليه، ولكن هذه الجهود غالبا ما تركز على ناحية معينة دون الأخرى، فلو أن الحافز سوف يمنح على أساس عدد الوحدات المنتجة فسوف يبذل الفرد أقصى ما لديه من جهد لإنتاج أكبر عدد من الوحدات بغض النظر عن مستوى الجودة.

3- أن الأجر ليس الحافز الوحيد، حيث أشار عالم النفس فريدرك هيرزبيرج Fredrick Herzberg إلى أن المال يحقق حالة من الهدوء المؤقت لدى الفرد وسرعان ما يزول تأثير هذا الحافز، ولذا فهو يرى أن تقديم المزيد من الأموال لن يزيد من دافعية الفرد، ولذلك يقترح هيرزبيرج Herzberg أن تقدم المنظمة قدر ملائم من الحوافز المالية بالإضافة إلى مجموعة من الحوافز غير المالية مثل زيادة فرص إحساس الفرد بالإنجاز وتحقيق النجاح النفسي في وظيفته.

4- مكافأة المخطئ، وقد يتم ذلك من خلال إعطاء جميع العاملين الحوافز المالية التي يتم صرفها بشكل روتيني أو في آخر السنة.

5- إن المكافآت قد تمزق العلاقات بين الأفراد ولذلك قد تقلل من فرص تشكيل فرق العمل بسبب تركيز الفرد على تحقيق مصلحته الخاصة.

6- قد يؤدي منح المكافآت إلى إعاقة الأداء، حيث يشير أحد الخبراء إلى أن تحقيق التميز قد يسير في أحد الاتجاهات والمكافآت تسير في اتجاه آخر، حيث يتم إخبار الأفراد بأن دخلهم سوف يعتمد على الإنتاجية أو نتائج تقييم الأداء، ومن ثم فهم يركزون على زيادة عدد الوحدات المنتجة بغض النظر عن مستوى الجودة، وقد يسلكون سلوكا لا أخلاقيا في سبيل تحقيق المعايير الموضوعية.

7- قد تقلل المكافآت من درجة استجابة الأفراد، نظرا لأن التركيز الأساسي لديهم

هو تحقيق أهداف معينة مثل خفض التكلفة، ولذلك فإن حدوث أية تغييرات يعني صعوبة تحقيق هذا الهدف، وبالتالي يلعب الحافز دورا وسيطا بين حدوث التغيير ودرجة استجابة العاملين.

8- قد تقلل المكافآت الحافز الداخلي لدى الفرد، نظرا لأنها تشعره بأنه لا يستطيع الأداء الجيد لواجبات وظيفته بشكل اختياري.

9- أن الأفراد يرغبون في الحصول على حوافز معنوية بالإضافة إلى الحوافز المادية، فالفرد يرغب في أن يستمتع بعمله وأن يشعر بقيمته وهو يمارس واجبات وظيفته، ولذلك فإن التركيز على الحوافز المادية فقط سوف يقلل من درجة ولاء العاملين للمنظمة.

مثبطات حماس العاملين :

يؤكد دين سبتزر Dean R. Spitzer في كتابه «التحفيز الخارق» أنه يجب تحديد مثبطات حماس العاملين في أي منظمة والقضاء عليها. ويمكن تحديد بعض هذه المثبطات كالتالي:

1- النقد غير البناء.

2- بيئة عمل مادية غير مناسبة.

3- أجور غير عادلة.

4- اجتماعات غير هادئة.

5- صراعات في بيئة العمل.

6- حجب المعلومات.

7- المنافسة الداخلية السلبية.

8- توزيع الحوافز بشكل غير عادل.

9- قواعد غير ضرورية.

10- تصميم رديء للعمليات.

11- قيم وأخلاقيات سالبة.

12- توقعات غير واضحة.

13- الإدارة غير الديمقراطية.

14- الرقابة اللصيقة.

15- الاستهانة بجهود العاملين.

العوامل المشعلة لحماس العاملين:

في ضوء ما سبق يمكن تحديد بعض العاملين كالتالي:

1- الإدارة الديمقراطية.

2- الأجور العادلة.

3- التدريب.

4- الحوافز العادلة والموضوعية.

5- إشراك العاملين في جميع مراحل العمل.

6- التقييم الموضوعي للأداء.

7- النظر إلى الموارد البشرية كقوة إنتاجية تنافسية، والخروج عن مفهوم، العامل الآلة أو العامل الترس.

8- نشر وتبادل المعلومات.

9- تكوين فرق عمل ذاتية الإدارة.

10- الاجتماعات الهادفة.

11- قيم وأخلاقيات إيجابية.

12- الصراحة والإيجابية في الاتصال.

ويضيف جون ب كوتر John P. Kotter في كتابه «قوة للتغيير» عددا من النصائح عند حفز العاملين هي:

1- مخاطبة الثقافة السائدة لديهم.

2- إعطاؤهم حرية أكبر ومرونة في أداء الأعمال بشكل تعاوني.

3- توفير المناخ الذي يتيح لهم الاتصال ويشعرهم بأهمية الدور الذي يقومون به.

4- مكافأة المتميزين بصورة علنية مما يزيد من شعورهم بالإنجاز.

5- وجود قيادات تمثل لهم قدوة في العمل والالتزام. يتابعون خطاها ويسيرون على نهجها.

«تستطيع أن تأخذ حصانك إلى الماء، ولكنك لا تستطيع أن تجعله يشرب»، هكذا قال القدماء. والقاعدة الإدارية هي أن السلطة وحدها لا تكفي لتحفيز العاملين على العمل، ولكن إتباع الأصول المناسبة والقواعد السلوكية والإنسانية الصحيحة هي التي تجعل المدير قادرا على تحفيز مرؤوسيه ودفعهم برضاهم إلى العمل.

أساليب القيادة الإدارية في التحفيز :

تختلف أساليب أنماط القيادة الإدارية عن بعضها في تقديم التحفيز للعاملين معهم. ويوضح هذه المقولة مانفريد ماك M. Mack من خلال الجدول التالي:

جدول رقم (3)

أساليب القيادة الإدارية في التحفيز

أسلوب القيادة الإدارية / معيار الدافعية والتحفيز	البيروقراطية	الأبوية	الديمقراطية	الاستشارية التشاركية
الحركيـة والدافعيـة نحو العمل	الواجب، والنظام، والانضباط	تنفيذ التوجيهات والرعاية	المشاركة في القرار والعمل	الإنجاز الشخصي وتحقيق الذات
نظـام التحفيـز المستخدم	التهديد، العقوبات، وأحيانا المكافآت	المكافآت وأحيانا العقوبات	التعويضات المادية والمعنوية	التحفيز الشامل

قياس الروح المعنوية:

من الأهمية بمكان قياس الروح المعنوية في موقع العمل - كما يشير «كتاب الحفز لأداء أمثل» ضمن سلسلة الإدارة المثلي (2001) - على أساس منظم للكشف عما إذا كانت مجموعة العمل تعاني من مشكلات وما أسبابها؟ فإذا اكتشفت زيادة معدلات التوقف عن العمل، فعندئذ تأكد أن مستوى الدافعية منخفض. وإذا وجدت أن هناك زيادة في معدل الغياب طويل الأمد فلا تنظر حتى تتحقق من الأمر، وعليك بالتصرف الفوري.

وقد ترغب في استخدام تقارير خاصة عن حالة الموظف، لما تعطيه من دلالة واضحة للذي أعترى معنوياته، لكن يعيبها أنها قد تكون مطولة وكلفة. قم باستشفاف

معاني المؤشرات التي تظهر أثناء أحاديثك مع الآخرين مثل: معاني المؤشرات التي تظهر أثناء أحاديثك مع الآخرين: مثل التقييمات السنوية، أو تنظيم المجموعات المحددة أو المقابلات الفردية. وهناك طريقة أخرى لقياس مستوى الروح المعنوية. وهي أن تقوم بعمل استطلاع عشوائي للرأي، ومع ذلك يجب عليك أن تعمل وفقا لما تجد من نتائج إذا قمت باستقصاء اتجاهات مجموعة العمل، وإلا ستجازف بالتسبب في زيادة انخفاض مستوى الدافعية.

طرق قياس مستوى الروح المعنوية:

الطريقة	العناصر الواجب مراعاتها
استطلاع الاتجاهات: إعطاء هيئة العمل استمارات الاستطلاع لملأها على فترات منتظمة.	• يتم أن تكون المراسلة على عنوان المنزل حتى تسترعي الانتباه، والاهتمام الفردي. • عملية المتابعة مطلوبة للحصول على إجابات مرضية. • تحتاج الأسئلة إلى محرر خبير، وقد يكون ذلك مكلفا. • هذا أفضل فيما يتعلق بتقصي الاتجاهات أكثر من توضيح الموقف كاملا.
استطلاع الرأي: إجراء عملية مسح الاتجاهات لعينة من العاملين (على أن يكون الاختيار عشوائيا من مجموعة العمل.	• يمكن أن تعاد العملية أكثر من مرة عوضا عن عمليات المسح الشامل. • تفتقر هذه الطريقة للتأثير الحفزي عند مساءلة أي شخص. • قد تفتقد للعمق، ويعالج ذلك بمعاودة العمل نفسه على نحو مستمر. • تصلح في متابعة إصلاحات الإدارة.

الطريقة	العناصر الواجب مراعاتها
مقابلات غير منظمة: عمل ترتيبات للموظفين كي يقابلوا المكلف بإجراء المقابلة الخارجي بشكل فردي ليتحدث عن الشركة.	• يمكن أن تزيل الغموض عن الاهتمامات الدفينة فتظهرها، وكذا الصعوبات المشتركة. • تبدو غير علمية، غير أن نتائجها تضاهي، نتائج الاستطلاعات. • تحددت العملية ذاتها تحسنا في مستوى الروح المعنوية لهيئة العمل. • يجب أن يتحري المقابل تجنب غلواء التأثير في الشخص الذي يقابله.
المجموعات المحددة: إجراء ترتيبات للموظفين لمقابلة المقابل الخارجي، في شكل مجموعات صغيرة لمناقشة قضايا الشركة.	• تفيد في الفهم المتعمق للأمور أكثر من عمليات مسح الاتجاهات. • يجب أن يتعامل المقابل الخارجي مع الأمور معاملة خبير محنك. • إذا كانت شديدة التقييم، فقد تحجب الاهتمامات الحقيقية عن الظهور. • قد تكون المشكلات مغالي فيها أو ظاهرة بصورة أضعف مما تقتضيه الحاجة.

تذكر أن:

- يجب أن تكون عملية قياس مستوى الروح المعنوية لهيئة عملك مستمرة.
- قد تكون لشخص الدافعية أسباب عدة فلا تتسرع في تكوين رأي عنها، والخروج بنتائجها.

- حتما يتضمن التساؤل عن الاتجاهات في طياته عزما على الإصلاح، وهذا العزم واجب الحرص عليه وصيانته.

- قد لا تتلقى دوما إجابات صادقة ما دمت تسأل هيئة العمل مثبطي الهمة عن مستويات دافعيتهم.

- يمكن أن تعطي مقابلات الأعضاء الذين غادروا العمل دلائل ذات أهمية بصدد ما هو صحيح وما هو خطأ في إدارتك المحفزة.

معايير ومؤشرات تقييم نظام الحوافز:

على الرغم من أن حوافز الأداء تحقق عديدا من المزايا للمنظمة تتمثل في إثارة دوافع العاملين للأداء والارتقاء به، وتحقيق أهداف المنظمة. إلا أنه في بعض الأحوال قد لا تشبع بعض حاجات العاملين وبالتالي لا يتحقق الهدف المرجو منها. لذلك فإن هناك بعض المعايير أو المؤشرات التي تعكس مدى فاعلية نظام الحوافز يحددها عمرو غنايم في الآتي:

1- **الأداء:** إذا كان نظام الحوافز محركا لدوافع العاملين سينعكس ذلك إيجابيا على مستوى الأداء.

2- **تكلفة العمل بالنسبة للوحدة المنتجة:** كلما كان نظام الحوافز مجزيا، ساعد ذلك على خفض تكلفة الوحدة (وقت أداء - خفض التالف - مستوى جودة أعلى).

3- **رضا العاملين:** يعتبر معيار الرضا مقياسا لفاعلية نظام الحوافز. ومن مؤشرات الرضا: انخفاض معدلات الغياب، التمارض، التأخير، إصابات العمل، معدل دوران العمالة... الخ والتي تؤثر بدورها على التكلفة التي تتحملها المنظمة.

ولقياس هذه المعايير والمؤشرات، فإن المنظمة بلا شك في حاجة إلى جهاز ونظام مناسب للمعلومات والمتابعة والرقابة وتوفير نظام سليم لمعدلات الأداء للعاملين بها.

والفصول القادمة من الحادي عشر وحتى الفصل السادس عشر سوف تشرح بعض أنواع الحوافز الإيجابية والسلبية بشيء من التفصيل. وفي الفصل السابع عشر تم توفير بعض الاستقصاءات الهامة في مجال التحفيز الوظيفي. ثم أخيرا في الفصل الثامن عشر تم عرض موضوع الدافعية والتحفيز باللغة الإنجليزية للمهتم بدراسة الموضوع بهذه اللغة.

الفصل الحادي عشر
المكافآت والممارسات التأديبية في المنظمات

أشتمل هذا الفصل على:

- 📖 تطوير نظم المكافآت.
- 📖 التعزيز الإيجابي للسلوك التنظيمي المرغوب فيه.
- 📖 ردع السلوك التنظيمي غير المرغوب فيه.
- 📖 الجزاءات التي يجوز توقيعها على الموظف في مصر.
- 📖 الممارسات التأديبية في المنظمات.
- 📖 أسس تفعيل وسائل العقاب في المنظمات.

الفصل الحادي عشر

المكافآت والممارسات التأديبية في المنظمات *

تطوير نظم المكافآت :

عند الحديث عن الأجور والمكافآت في منظمات الأعمال يكون التركيز عادة على بعض المعايير مثل معيار الجدارة (أي مستوى الأداء في العمل) أو الأقدمية (طول مدة الخدمة في العمل)، إلا أن المنظمات بدأت في الوقت الحاضر في استخدام بعض الأنظمة المبتكرة مثل :

1- الدفع على أساس المهارة Skill - Based Pay :

وفي هذا النظام يتم دفع الأجور والمزايا على أساس ما يتعلمه الفرد من مهارات ضرورية ونافعة للمنظمة. وعلى سبيل المثال ففي شركة Lego لصناعة لعب الأطفال يحصل الموظفون على أجورهم على أساس مدى امتلاكهم للقدرات الثلاثة التي اتضح أنها سائدة بين العاملين ذوي الأداء المرتفع وهي: المهارات الفنية، ومهارة عمل الفريق، والمهارات الشخصية.

وبالرغم من غرابة هذا النظام إلا أنه يحقق مزايا عديدة. فهو يساعد على تنمية

(*) المصدر الرئيسي لهذا الفصل: جيرالد جرينبرج وروبرت بارون (2004).

المهارات الأساسية الضرورية لنجاح المنظمة وتقدمها كما أن تنوع المهارات المطلوبة من الموظف/العامل تؤدي إلى تقوية دوافعه للعمل. وبالرغم من أن مزايا هذا النظام لم تختبر بشكل كاف حتى الآن بسبب حداثته إلا أن الواقع يشير بأنه نظام واعد.

2- الدفع على أساس جماعي Team-Based Rewards :

كما سبق الإشارة فإن نظم الدفع التقليدية تركز على الأداء الفردي. ولكن هناك اتجاها متناميا في الوقت الحاضر من جانب الكثير من الشركات نحو ربط الأجور والمكافآت بإنجاز الفريق أي بالأداء الجماعي وليس بالأداء الفردي وهذا من شأنه أن يعزز انتماء الفرد للجماعة.

ونظرا لأن الثقافة الأوروبية مازالت تعطي أهمية خاصة للإنجاز الفردي فقد دفع ذلك بعض الشركات إلى استخدام النظامين الجماعي والفردي معا في دفع الأجور والمكافآت. وبالرغم من عدم وجود دراسات كافية تؤكد متى وكيف يمكن تطبيق الأسلوب الجماعي بنجاح إلا أن نمو الاتجاه نحو فرق العمل يجعل هذا النظام واعدا.

التعزيز الإيجابي للسلوك التنظيمي المرغوب فيه:

Positively Reinforcing Desirable Organizational Behaviors

إن تعزيز السلوك الإيجابي يقويه ويدفع الفرد إلى تكراره. ويمكن استخدام هذه الفكرة في إحداث تعديلات في بعض أنواع السلوك في المنظمة من خلال إدارة جيدة تنظم التعزيز. ويطلق على ذلك اسم : تعديل السلوك التنظيمي Organizational Behavior Modification ويمر ذلك بعدة خطوات أساسية هي:

1- التحديد الدقيق للسلوك المرغوب فيه (كالقول مثلا بأن الرد على استفسارات

العملاء يجب أن يكون أسرع بمقدار 50% بدلا من القول أن المطلوب هو تحسين خدمة العملاء).

2- تحديد الكيفية التي يجب أن يتم بها السلوك المطلوب تغييره.

3- التحديد الدقيق لأهداف الأداء: يمكن اعتبار تلك الأهداف بمثابة المعيار الذي سيتم على أساسه التقييم (كالقول مثلا بأن جميع الاستفسارات يجب الرد عليها خلال الـ 30 ثانية الأولى).

4- اختيار الطريقة التي سيتم بها المكافأة أو تعزيز السلوك هل ستكون أسبوعية أم شهرية؟ وهل ستكون مالية أو غير مالية في شكل خطابات شكر أو شهادات تقدير وما يشبه ذلك؟

5- تحديد مستويات المكافأة وفقا لمستويات الاقتراب من الهدف أو المعيار، فيحصل العامل على نسبة من المكافأة حينما يرد على الاستفسارات خلال الـ 60 ثانية الأولى، ثم تزداد المكافأة حينما يكون الرد بعد 50 ثانية، وتزداد أكثر حينما يكون الرد بعد 40 ثانية وهكذا إلى أن يحصل على المكافأة كاملة إذا تم الرد خلال 30 ثانية الأولى. ويطلق على هذه العملية اسم التشكيل Shaping.

6- التقييم الدوري للبرنامج. هل الأهداف المحددة مازال يتم إنجازها؟ هل وسائل التعزيز مازالت فعالة؟ وطرح مثل هذه الأسئلة يعني أن تلك الأمور يمكن أن تتغير بمرور الوقت. والتقييم الدوري للبرنامج يساعد على إدخال التعديلات المناسبة في الوقت المناسب حتى يظل البرنامج مؤثرا.

ومن الأمثلة على نجاح مثل هذه البرامج في الحث على بعض أنواع السلوك الإيجابية ما حدث في شركة دايموند انترناشيونال Diamond International حيث يعمل في هذه الشركة 325 موظف في صناعة كرتونات البيض فقد وضعت هذه الشركة نظاما ذكيا

للتعزيز يقوم على أساس منح الموظف الذي يمر عليه عام كامل بدون أي حوادث صناعية 30 نقطة ونسبة حضور كاملة 25 نقطة ثم يتم جمع هذه النقط سنويا والموظف الذي يصل إلى 100 نقطة يحصل على جاكت نايلون أزرق عليه شارة الشركة بالإضافة إلى بطاقة عضوية في نادي المائة، والذين يحصلون على عدد من النقاط أكثر من مائة يحصلون على مكافآت إضافية فمثلا من يصل إلى 500 نقطة له الحق في الحصول على أحد الأجهزة المنزلية مجانا.

ولقد ساعد تطبيق هذا البرنامج على تحسين إنتاجية الشركة بالمقارنة بها قبل التطبيق. حيث تحسنت المخرجات بنسبة 16.5% وانخفضت أخطاء الجودة بنسبة 40% وتناقصت التظلمات بنسبة 72% وانخفض الوقت الضائع بسبب حوادث العمل بنسبة 43.7%، والنتيجة الكلية أن الشركة حققت مزايا تفوق المليون دولار كما صارت قوة العمل أكثر سعادة.

ردع السلوك التنظيمي غير المرغوب فيه Discipline of Undesirable OB:

كما تستخدم المنظمة نظم المكافآت لتعزيز وتشجيع السلوك المرغوب فإنها تستخدم أيضا العقاب لتجنب السلوك غير المرغوب فيه. وهناك الكثير من نواحي السلوك غير المرغوب فيها مثل: الغياب، والتأخر عن العمل، وإثارة المشكلات والقيام ببعض نواحي السلوك غير الأخلاقي وما يشبه ذلك. وهذه المشكلات تكلف منظمات الأعمال الكثير من الأموال مما يدفعها إلى وضع نظم للعقاب أو التأديب للحد من آثار تلك المشكلات وتتفاوت أنظمة العقاب من شركة لأخرى فقد تأخذ الشكل الرسمي في بعض الشركات مثل: توجيه إنذار كتابي يوضع في ملف الموظف وفي البعض الآخر قد لا تأخذ الصورة الرسمية مثل: توجيه اللوم الخفيف شفويا من جانب الرئيس.

وفي إحدى الدراسات طلب من رؤساء هيئة التمريض وضع قائمة بوسائل العقاب الأكثر استخداما وترتيبها من حيث شدتها فكانت على النحو التالي:

جدول رقم (4)
ترتيب وسائل العقاب المستخدمة (من أقلها إلى أكثرها شدة)

المرتبة	الوسيلة
1	التحدث مع الموظف / العامل أو استشارته بخصوص المشكلة.
2	إنذار شفهي.
3	إنذار كتابي.
4	إعطاء الموظف / العامل نصائح بخصوص المشكلة.
5	تحويل الموظف / العامل إلى أحد المراكز المتخصصة في الشركة لمساءلته مثل مكتب الأخصائي الاجتماعي أو النفسي على سبيل المثال.
6	إرسال الموظف/العامل إلى أحد البرامج الرسمية المصممة لعلاج المشكلات التي يواجهها.
7	نقل الموظف / العامل إلى أقسام مختلفة بالشركة.
8	وضع الموظف / العامل تحت المراقبة الدقيقة.
9	خصم جزء من حوافز الموظف/ العامل.
10	الوقف المؤقت عن العمل (بدون أجر).
11	الفصل الكلي من العمل.

الجزاءات التي يجوز توقيعها على الموظف في مصر:

في ضوء القانون الجديد للوظيفة العامة في جمهورية مصر العربية يمكن تحديد الجزاءات (من أقلها إلى أكثرها شدة) التي يجوز توقيعها على الموظف الحكومي في الآتي:

1- الإنذار.

2- الخصم من الأجر لمدة أو مدد لا تجاوز ستين يوما في السنة.

3- الحرمان من العلاوة الدورية.

4- تأجيل الترقية عند استحقاقها لمدة لا تزيد على سنتين.

5- الإحالة إلى المعاش المبكر.

6- إنهاء العقد.

7- الفصل من الخدمة.

وبالنسبة لعقوبة إنهاء العقد والفصل من الخدمة فإنها ستتم بمعرفة المحاكم التأديبية بدلا من اللجان أو المجالس القضائية التي كانت تقوم بهذه المهمة من قبل.

كذلك أكد القانون على ضرورة: ربط الأجور بالأداء، وجعل التقويم الجاد أحد المهام الرئيسية الهامة التي يجب أن تحرص الإدارة عليه، ومرونة نظم الأجازات والخروج للتعاقد وذلك لتحقيق الرضا المالي والنفسي للموظف، والالتزام والمحاسبة وآليات النزاهة والشفافية، وتكافؤ الفرص بين العاملين.

وبالنسبة لشاغل الوظيفة المدنية لأول مرة فإنه يوضع تحت الاختبار لمدة أربعة أشهر تتقرر خلالها صلاحيته للعمل، فإذا ثبت عدم صلاحيته أنهيت خدمته.

الممارسات التأديبية في المنظمات :

تدل الممارسة العملية أن أحد الأساليب الشائعة في نظم العقاب هو التدرج في العقاب من أقلها إلى أكثرها شدة ويطلق عليه Progressive discipline فإذا كان هناك موظف لديه مشكلة مزمنة في التأخر عن العمل مثلا فإن المشرف يمكن أن يبدأ بتنبيهه بشكل ودي، ثم بإنذاره بشكل ودي وبطريقة شفهية، فإذا ظلت المشكلة يمكن أن يوجه له إنذار كتابي ثم يتم تحويله للتحقيق، ثم يمكن فصله بشكل مؤقت وأخيرا إذا فشلت كل تلك الوسائل يمكن فصله نهائيا من العمل.

وفي بعض المخالفات الخطيرة مثل: السرقة، أو إتلاف ممتلكات الشركة فقد لا يحتاج الأمر إلى مثل هذا التدرج حيث يتم تطبيق أقصى العقوبات فورا.

والشركات التي لديها برامج ناجحة في التأديب والانضباط تميل إلى نشر لائحة الجزاءات أو التأديب ضمن كتيب الشركة بحيث تكون معلومة للجميع.

ويحجم الكثير من الرؤساء عن استخدام وسائل العقاب للموظفين غير الملتزمين إما بسبب عدم وجود لائحة واضحة للجزاءات أو لأنه ليس لديه السلطة الكافية لتوقيع العقاب. كما أن الخوف من الآثار النفسية والمادية التي يتركها العقاب على الشخص الذي تم توقيع العقاب عليه يجعل بعض الرؤساء يتردد كثيرا في ذلك. وبالطبع فإن عدم توقيع العقاب المناسب على المخالف قد يؤدي إلى تعقيد المشكلات في المدى الطويل ويجعلها مستعصية على الحل.

أسس تفعيل وسائل العقاب في المنظمات

Keys to Using Punishment Effectively

تدل نتائج الدراسات النظرية والعملية على أنه يمكن زيادة فعالية وسائل التأديب أو العقاب إذا تم الالتزام بالأسس التالية:

1- **توقيع العقاب فور حدوث السلوك غير المرغوب فيه:**

فعدم وجود فترة زمنية طويلة فاصلة بين التصرف غير المرغوب فيه وتوقيع العقوبة يجعل هناك رابطة قوية بين الناحيتين مما يقلل من احتمال حدوث السلوك غير المرغوب فيه مستقبلا. وعلى ذلك فإن تأجيل العقوبة على السلوك المخالف لأيام أو أسابيع ربما لشهور؛ يقلل من فعاليتها؛ لأن طول المدة يضعف العلاقة بين الناحيتين.

2- **الوسطية في توقيع العقوبة:**

بحيث لا تكون شديدة أو تافهة؛ فالعقوبة التافهة من المحتمل ألا يكون لها أي تأثير فعال في إقلاع الفرد من السلوك غير المرغوب فيه. ومن ناحية أخرى فإن العقوبات شديدة القسوة قد تظهر الشركة بمظهر ظالم وغير إنساني وهي بذلك تخاطر بأهم عناصرها وهو البشر.

3- **أن يكون المقصود بالعقوبة السلوك غير المرغوب فيه وليس الشخص ذاته:**

فالتركيز يجب أن يكون على تصرفات الفرد وليس على شخصية الفرد ذاته. فإذا فرضنا على سبيل المثال أن المدير قد بلغه بأن أحد الموظفين اعتاد على أخذ فترات راحة طويلة أثناء العمل فيجب ألا يقال له: (إنك إنسان كسول وذو اتجاهات سيئة بالنسبة للعمل) ومن الأفضل أن يقول له: (إن ابتعادك كثيرا عن مكتبك يجعل من الصعب علينا جميعا أن نؤدي عملنا في وقته). كذلك يجب أن يكون التركيز على ما الذي ينبغي أن يفعله الفرد لتجنب السلوك الخاطئ حتى يستطيع أن يوجه إليه جهود التحسين.

4- **الثبات في نظم العقوبات:**

بحيث يطبق في كل الأوقات وعلى جميع العاملين. بمعنى أن نظام العقوبات يجب ألا يطبق في بعض الأوقات ويطبق في أوقات أخرى؛ لأن إهمال تطبيقه في

بعض الأوقات؛ يساعد على استمرار السلوك غير المرغوب فيه، كذلك يجب أن يطبق النظام على الجميع دون تحيز أو محاباة فالأفراد الذين يقعون في نفس الخطأ يجب أن تطبق عليهم نفس العقوبة.

5- **توضيح أسباب العقاب:**

حيث يجب أن يحرص الرؤساء على توضيح الأسباب التي تؤدي إلى تعرض الفرد للعقوبة؛ لأن ذلك من شأنه أن يساعد على تقليل أنواع السلوك غير المرغوب فيها خاصة إذا اتضح للعاملين أن العقوبات ليست هدفا في ذاتها وإنما وسيلة لتحسين الأداء والإقلاع عن السلوك غير المرغوب فيه. ويمكن توضيح ذلك أثناء المقابلة الشخصية. ورغم أن ذلك عمل جيد فإنه ليس سهلا وحتى يجعل المدير تلك العملية مؤثرة، فعليه إتباع الخطوات الموجودة بالشكل القادم.

6- **لا تتبع العقوبة بمكافأة عارضة:**

من الأخطاء الشائعة التي يقع فيها بعض الرؤساء هو أن يتبع العقوبة التي وقعها على الموظف بمكافأة عارضة فمثلا الموظف الذي أخطأ وقام رئيسه بإنذاره كتابيا فإن إحساس الرئيس بالذنب بسبب العقاب الشديد الذي أوقعه على الموظف قد يدفعه إلى إعطائه إجازة بأجر بقية يوم العمل. وإذا حدث ذلك، فإن هذا الرئيس، يدمر نظام العقوبات من أساسه؛ لأنه في الوقت الذي وقع على الموظف عقوبة فقد كافأه من ناحية أخرى. فضلا عن أن ذلك سيرسل رسالة خاطئة لباقي الموظفين مضمونها (إذا أردت أن تحصل على نصف يوم إجازة بأجر فيمكنك عمل مخالفة). لذلك فإن النصيحة هي عدم إتباع العقوبة بأية مكافآت غير منتظرة.

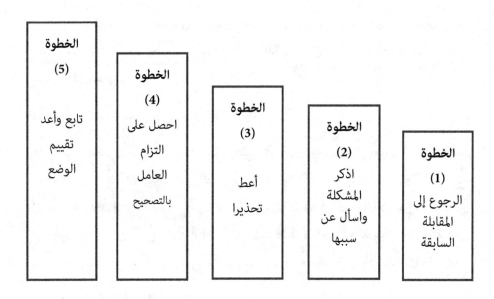

شكل رقم (10)

الخطوات الأساسية لإجراء المقابلات التي يتم فيه إنزال العقاب بالموظف المخطئ

ليس من السهل أبدا تحقيق اتصال جيد بخصوص مشكلات الأداء ولكن إتباع الخطوات المسجلة هنا يساعد على التأكد من أنه قد تم توصيف المشكلة، وأن ما ترتب على عدم القدرة على تحسين الأداء قد أصبح واضحا.

ومن الواضح أنه لا يتم دائما إتباع تلك الخطوات. وفي الحقيقة فإن كبار المديرين بالشركات قد اعترفوا بأن المنظمات المعاصرة تكافئ السلوك غير المرغوب، وهو عكس المطلوب تماما. فعلى سبيل المثال فإن المنظمات تعمل على نجاح فرق العمل وتعاون أعضاء تلك الفرق، ومع ذلك فإنها تكافئ الأداء الفردي المتميز داخل الفريق. وبالمثل فمع أن المنظمات ترجو أن تحقق التفوق فإنها تكافئ بقاء العامل معها سنوات إضافية، وعلى ذلك فلا يمكن الإدعاء بأن المنظمات تؤدي واجبها بكفاءة في مجال مكافأة السلوك المرغوب بل أنها في الواقع قد تفعل عكس المطلوب.

الفصل الثاني عشر
أخطاء العاملين وأساليب معالجتها

أشتمل هذا الفصل على:

📖   أخطاء العاملين.

📖   3 أسئلة لمعالجة أخطاء العاملين.

📖   التعامل الإيجابي مع أخطاء العاملين.

📖   ملخص: خصائص نظام العقاب الفعّال.

الفصل الثاني عشر

أخطاء العاملين وأساليب معالجتها

أخطاء العاملين:

نحن كبشر لدينا ذكاء وحواس وقدرات ومهارات ومعارف... مهما كانت كبيرة وعالية ومتميزة فإن الإنسان سوف يقع في الأخطاء والمشكلات إن آجلا أو عاجلا، لأن مستوى هذا الذكاء وهذه الحواس والقدرات والمهارات والمعارف، لن يصل لدى أي إنسان إلى نسبة 100%، فالكمال لله وحده سبحانه وتعالى.

هذا، ويقع كل العاملين تقريبا في الأخطاء - لأنه لا يوجد أحد معصوم من الخطأ - وذلك قد يرجع إلى عدة أسباب سيتم ذكرها لاحقا.

هذه الأخطاء تتراوح من البسيطة إلى المتوسط إلى الكبيرة. فمن أمثلة الأخطاء البسيطة التأخير أحيانا عن مواعيد العمل لظروف أسرية. ومن أمثلة الأخطاء الكبيرة إفشاء أسرار المنظمة.

ومن الأخطاء البسيطة سوء استخدام أدوات العمل، ومن الأخطاء الكبيرة إدمان بعض العاملين للكحوليات أو للمخدرات.

وتتدرج أساليب التحفيز السلبي (سواء معنوي أو مالي أو مادي)، وسواء فردي أو جماعي التي يجب تطبيقها على المخطئين من العاملين، وذلك حسب: عنصر

القصد أو عدم القصد في اقتراف الخطأ، ونوع الخطأ، ودرجة الخطأ، ومعدل تكرار الخطأ، وأسباب الخطأ، والنتائج المترتبة عن هذا الخطأ.

هذا، وهناك أسباب عديدة تكمن وراء وقوع العاملين في الأخطاء، نذكر منها:

1- أسباب ترجع إلى العاملين أنفسهم (مثل: قلة الإخلاص، ضعف الولاء والانتماء التنظيمي، ضعف الضمير، قلة التعليم، عدم الالتزام باللوائح والتعليمات وإجراءات الأمن والسلامة ...).

2- أسباب ترجع إلى المنظمة (مثل: قلة التدريب المتاح للعاملين، عدم تطبيق سياسة عادلة بين العاملين، عدم تقديم التحفيز الإيجابي، عدم تقديم التحفيز السلبي..).

ثلاثة أسئلة لمعالجة أخطاء العاملين (*):

عندما يرتكب أحد الموظفين خطأ يجب على المدير يجب على المدير أن يتعامل مع هذا الخطأ بشكل فوري، ويبدأ بتقييم مسؤولية الموظف وليس بالتوبيخ وإلقاء اللوم، لكن من الضروري استخلاص العبرة من الخطأ. وربما أن كثيرا من الأعمال تنطوي على واجبات معقدة ومشاركة عمال آخرين والكثير من العوامل المتداخلة، فإن التقييم الصحيح قد يكون صعبا.

ويوصي الخبراء بطرح ثلاثة أسئلة كمدخل لتحديد المسؤولية عن الخطأ هي: هل الموظف مستعد؟ بمعنى هل حظي الموظف بالتدريب اللازم. وهل لديه الخبرة الكافية؟ وهل تتوفر له الأدوات والمواد والمعلومات المناسبة؟ هل كان لديه الوقت الكافي؟

(*) المصدر: مجلة التدريب والتقنية (2002).

والإجابة بـ «لا» على أي من هذه الأسئلة يزيح جزء من المسؤولية عن كاهل العامل أو الموظف المخطئ.

لكن يظل هناك سؤالا لا يقل أهمية: هل أدرك الموظف وأبلغ بأنه غير مستعد؟ ولابد من التأكيد هنا على أهمية أن يتعلم العاملون توقع المشكلات قبل أن تؤدي إلى نتائج وخيمة.

وهل وجد الموظف الدعم الكافي؟ فمثلا إذا تأخر الموظف عن تقديم تقرير في موعد محدد يجب السؤال: هل وصلته المعلومة في الوقت المناسبة؟ وهل الصياغة والتحرير تتم حسب الجدول؟

الإجابة عن هذه الأسئلة بـ «لا» تعني أن المسؤولية في الخطأ لا تقتصر على الموظف المعني.

كيف تعامل الموظف مع الخطأ؟ فمثلا إذا أدخل الموظف معلومة غير صحيحة في نظام المعالجة أو طلب الإمدادات الخطأ فهل حاول وقف العملية وتصحيح الخطأ؟ وإذا كان الخطأ التحدث بأسلوب خشن مع أحد الزبائن فهل اعتذر الموظف وحاول الحد من الضرر؟

الإجابة بـ «لا» عن هذه الأسئلة تعني أن الموظف فشل في تلافي الخطأ، وهذا خطأ في حد ذاته يجب تأكيد خطورته.

التعامل الإيجابي مع أخطاء العاملين [*]:

يقوم بعض المديرين بممارسة إجراءات سلبية عند حدوث خطأ ما من أحد موظفيه. وهي من الأخطاء الشائعة بين المديرين في تعاملهم السلبي مع أخطاء

---

[*]   المصدر: شيخة أحمد (2008).

الموظفين، ومع مشكلات العمل دون تفعليها إيجابيا في التجويد والإصلاح والتعلم. وكل ذلك من شأنه أن يسبب نتائج وخيمة على الموظف، حيث يؤدي إلى فقدان الموظف لثقته في نفسه، وكذلك إحساسه بالإهانة. وعدم التقدير. وبالظلم لبخس نجاحاته وإبراز خطئه. هذا بالإضافة إلى عدم تعلمه واستفادته من الخطأ بمعرفة سببه والسعي لتجنبه. وبالتالي كسب خبرات عملية جديدة. وهذا من أشد الآثار خطورة على بيئة العمل. قد يؤدي إلى فقدان روح الود والاحترام بين الموظف ومديره. مما يعني وجود (قنابل إدارية مؤقتة) يمكن انفجارها في أي لحظة.

ولكي نعالج هذه المعضلة، وهي إحدى المعضلات الإدارية، يجب أن يتم التعامل مع الأخطاء إيجابيا والاستفادة منها وتفعليها من خلال التعلم، وتجريب الموظفين وإكسابهم خبرات عملية جديدة. وتدعيم روح التعاون والود بين الموظفين والمدير من خلال إحساسهم بحبه ورعايته لهم، واستفادتهم وتعلمهم الكثير منه، وعندما يكون المدير قريبا من موظفيه محببا إلى نفوسهم، متواضعا معهم، يكون من المتوقع ندرة حدوث أخطاء بينهم.

كما يجب على المدير أن يجعل من إتباع سياسة الجزاءات وتبليغ الإدارة العليا بالخطأ أخر الأساليب، بعد أن يكون الموظف قد أستوفى حقه عدة مرات من التدريب والتوجيه.

وعليه نعرض في النقاط التالية بعض الإجراءات السلبية ومعالجة هذه الإجراءات السلبية. ومعالجة هذه الإجراءات عن طريق كيفية الاستفادة من الأخطاء وتحويلها لأداة تدريبية عملية.

الإجراءات السلبية:

1- التأديب والتوبيخ.

2- التركيز الشديد على الأخطاء وإبرامها من دون ذكر الإيجابيات والنجاحات المتحققة.

3- تعريفه بالخطأ أمام زملائه، ما يعني فضحه والتشهير بالخطأ الذي حدث.

4- إظهار الشماتة فيه.

5- سرعة تبليغ الخطأ للإدارة العليا.

6- المحاسبة الشديدة عليه وربما توقيع الجزاءات.

النتائج:

● نتائج سلبية على الموظف وعلى بيئة العمل.

● فقدان الموظف ثقته بنفسه.

● الشعور بالإهانة وعدم التقدير.

● الشعور بالظلم لبخس نجاحاته وإبراز خطئه.

● عدم اكتساب خبرات عملية جديدة بسبب عدم معرفة الخطأ وسببه.

● فقدان روح العمل الجماعي.

الإجراءات الإيجابية:

1- القناعة الذاتية لدى المدير بحاجة الموظفين للتدريب والتأهيل وإحساسه بواجبه نحو تعليمهم ورفع كفاءاتهم، وإن هذا الدور من أهم واجباته الوظيفية نحو المؤسسة بشكل عام ونحو موظفيه.

2- التوقع والتهيئة النفسية لاحتمالات وقوع موظفيه في الخطأ.

3- التخلص من مشاعر الغضب عند وقوع الخطأ.

4- سرعة معالجة الخطأ حتى لا يتكرر أو تتفاقم آثاره.

5- طلب الموظف منفردا والتحدث إليه.

6- إظهار روح الود والدعابة والتعاون مع الموظف والحرص عليه وعلى مصلحة المؤسسة.

7- تحليل أسباب المشكلة والخطأ الذي حدث.

8- دقة توصيف الخطأ مع ذكر النجاحات وإبرازها.

9- إتباع سياسة الباب المفتوح (التعاون، الاستشارة، التشجيع، الدعم).

النتائج:

- ثقة الموظف بذاته.
- منحة الإحساس بالعدالة وموضوعية تقييم أدائه.
- سرعة التعلم والتصويب.
- سرعة الإنجاز وحب العمل.
- الانضباط والإخلاص.

ملخص: خصائص نظام العقاب الفعال Effective Punishment System

1- التدرج في العقاب من أقلها إلى أكثرها (من توجيه اللوم بشكل شفوي وودي إلى الفصل النهائي من العمل).

2- نشر لائحة الجزاءات أو التأديب ضمن كتيب المنظمة بحيث تكون معلومة للجميع.

3- توقيع العقاب فور حدوث السلوك غير المرغوب فيه.

4- الوسطية في توقيع العقوبة، بحيث لا تكون شديدة أو تافهة.

5- أن يكون المقصود بالعقوبة السلوك غير المرغوب فيه وليس الشخص ذاته.

6- الثبات في نظم العقوبات (بحيث يطبق في كل الأوقات وعلى جميع العاملين).

7- العدالة بين العاملين عند تطبيق العقوبات.

8- توضيح أسباب العقاب.

9- التأكيد على عدم استمرار السلوك غير المرغوب فيه في المستقبل.

10- وضع الضمانات والترتيبات لعدم تكرار السلوك غير المرغوب فيه في المستقبل.

11- لا تتبع العقوبة بمكافأة عارضة.

الآن، وبعد أن انتهيت من قراءة هذا الفصل تكون قد أصبحت تشعر أنه ليس من السهل إدارة نظم المكافأة والعقاب وبذلك فإنك تكون قد وصلت إلى نفس النتيجة التي وصل إليها خبراء السلوك التنظيمي. وفي الحقيقة فإن بعض المهارات الأساسية التي تجعل بعض المديرين أكثر فعالية بغيرهم هي قدرتهم على إدارة تلك النظم بكفاءة.

الفصل الثالث عشر
توجيه العاملين

أشتمل هذا الفصل على:

- 📖 مقدمة.
- 📖 تعريف التوجيه.
- 📖 أهمية وأهداف التوجيه.
- 📖 عملية التوجيه.
- 📖 لماذا يحجم المديرون عن توجيه العاملين؟
- 📖 استقصاء: تقييم مهاراتك في توجيه الآخرين.

الفصل الثالث عشر

توجيـه العامليـن

مقدمـة:

من مناهج تنمية الموارد البشرية في بيئة العمل الاهتمام بتقديم خدمات التوجيه والإرشاد للعاملين بما يساهم في رفع مستوى أدائهم وتشجيع الإمكانات والطاقات الكامنة لديهم، ومساعدتهم على تحقيق التوافق النفسي والاجتماعي والمهني في حياتهم الشخصية والاجتماعية والمهنية، وهذا كله بدوره يؤدي إلى زيادة الإنتاجية في المنظمة.

وهناك فرق بين التوجيه والإرشاد، فالتوجيه أعم وأشمل من الإرشاد. فالتوجيه عملية تتضمن أساليب عديدة منها تقديم الإرشاد للآخرين.

والإرشاد عملية رئيسية في خدمات التوجيه، والتوجيه عملية تسبق عملية الإرشاد وتمهد لها.

ويتناول الفصل الحالي عرضا لمفهوم التوجيه وخصائصه وأهدافه، مع توفير استقصاء يفيد القارئ في تقييم مهاراته في توجيه الآخرين.

نقطة هامة في هذا السياق هو أن توجيه العاملين يعتبر من ضمن أساليب التحفيز الإيجابي والمعنوي التي من الضروري تقديمها وإتاحتها لجميع العاملين نظرا لأهميتها كما سنرى.

225

تعريف التوجيه:

التوجيه Guidance هو أحد مسارات أو مداخل تحسين أداء الآخرين من خلال تشجيعهم على التعلم من عملهم وعلى مواجهة التحديات التي تقابلهم أثناء العمل.

كذلك فإن التوجيه عملية تهيئة العاملين وتزويدهم بالمعلومات الأساسية التي يحتاجونها لأداء وظائفهم بالشكل المطلوب.

ويحتاج العاملون الجدد بصفة خاصة إلى عمليات تهيئة وتوجيه عند بداية التحاقهم بالمنظمات، وذلك لتزويدهم بالمعلومات الأساسية عن منظماتهم.

وهذه المعلومات غالبا ما تتعلق بقواعد وإجراءات العمل في هذه المنظمات. هذا وتعد عمليات التوجيه جزء أساسيا من عمليات التطويع الاجتماعي على المعايير وأنماط السلوك والاتجاهات والقيم التي تتفق مع ما تتوقعه المنظمة من العاملين بها.

ويشرح جاري جيسلر Gary Dessler شكل برامج التهيئة والتوجيه للعاملين الجدد كالتالي:

تتراوح برامج التهيئة ما بين البرامج الموجزة والبرامج غير الرسمية والبرامج التفصيلية المطورة والبرامج الرسمية. وفي كل من هذه البرامج يحصل الموظف الجديد على كتيب أو مواد مطبوعة تحتوي على تقييم الأداء ونظم دفع الأجور والمرتبات، وفي الوقت نفسه المزايا والخدمات التي تضعها المنظمة للعاملين بها.

ومن أهم المعلومات الأخرى التي يحتويها الكتيب أو المادة المطبوعة الموزعة على العاملين خلال مرحلة التوجيه أو التهيئة المزايا الفردية وسياسات الأفراد بالشركة وروتين العمل اليومي بها والهيكل التنظيمي وعمليات التشغيل ومقياس الأمن والقواعد والإجراءات المطبقة بالشركة. وبناء عليه فإن العديد من المحاكم ترى أن هذا الكتيب

إنما يعد بمثابة عقد عمل لكل عامل، ولذلك فالعديد من المنظمات تفكر أكثر من مرة قبل أن تذكر معلومات معينة بهذا الكتيب لأن وجود مثل هذه المعلومات إنما يفهم منه ضمنيا التزام المنظمة بها، وبالتالي فالشركة تتردد في إضافة بعض العبارات مثل: «لن يفصل أي عامل بدون وجود مبرر كاف».

وعادة ما يقوم متخصص في إدارة الموارد البشرية بأداء الجزء الأول من عملية التهيئة والذي يتولى شرح مختلف النواحي المرتبطة بالعمل، مثل: ساعات العمل والإجازات ثم يقدم الموظف الجديد بعد ذلك إلى مشرفه الجديد والذي يقوم بدوره بمواصلة عمليات التهيئة من خلال شرح طبيعة العمل للموظف، بالإضافة إلى تقديمه لباقي زملائه بالقسم وتعريفه بمكان العمل؛ ويقدم له المساعدة الصادقة لتقليل درجة عدم التكيف التي تصيبه خلال اليوم الأول للعمل.

ومثل أي شيء في مجال الموارد البشرية نجد أن جميع الأفراد الجدد لا يتجاوبون مع عمليات التهيئة المبدئية بنفس الأسلوب. حيث تشير إحدى الدراسات إلى أن الأفراد الذين تتوافر لديهم رغبة قوية في التوعية والرقابة على عناصر البيئة في حاجة إلى أن يحصلوا على معلومات أكثر وعمليات تطويع اجتماعي أكثر ممكن تنخفض لديهم الرغبة في الرقابة والسيطرة على عناصر البيئة.

وفي هذه الحالة، فعلى المشرف أن يكون يقظا، ويشجع العاملين الجدد على الانهماك في تلك الأنشطة التي تمكن كلا منهم أن يفهم طبيعة العمل، وليصبحوا أكثر إنتاجية.

أهمية وأهداف التوجيه:

يساعد التوجيه على تحقيق الأهداف التالية:

1- سد الفجوة أو عبور المسافة ما بين مستوى الأداء الحالي للفرد أو لمجموعة العمل وبين المستوى المطلوب للأداء.

2- تنمية المهارات وصقل المواهب لدى العاملين.

3- استخلاص الإمكانات والطاقات الكامنة لدى العاملين.

4- التعامل الإيجابي السليم مع المشكلات العاجلة الطارئة التي تواجه العاملين.

5- تنمية الاتجاهات الإيجابية لدى العاملين.

وتحقيق كل الأهداف السابقة سوف يساهم بلا شك في زيادة الإنتاجية لدى العاملين.

عملية التوجيه:

وإذا كانت عمليتا التهيئة والتوجيه للعاملين الجديد هامة جدا، إلا أنه يجب التأكيد على أن عملية التوجيه عملية مستمرة لا نهاية لها؛ ذلك لأن كل إنجاز جديد يتحقق أثناء التوجيه يمثل بداية للتحدي الجديد المطلوب مواجهته. ومع ذلك فلكل هدف توجيهي هناك دورة مكونة من خمس مراحل رئيسية تمر بها عملية التوجيه بدء من تحديد الهدف حتى مرحلة إنهائه.

هذه المراحل حددتها سلسلة الإدارة المثلى في كتاب بعنوان «أساليب التوجيه المثلى» في الشكل التالي:

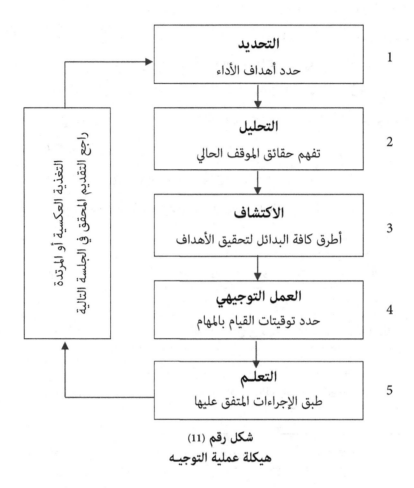

شكل رقم (11)
هيكلة عملية التوجيه

ففي المرحلة الأولى يحدد كل من الموجه (والذي قد يكون المدير أو الرئيس أو المشرف) والموظف أهداف عملية التوجيه ويتفقان عليها.

ثانيا: يقومان بمناقشة الوضع القائم حاليا وتحليله.

وثالثا: يقومان ببحث كل الخيارات الممكنة ودراستها.

ورابعا: يقومان بتحديد مسارات العمل المطلوبة ويلتزمان بالعمل في إطارها، ويمكن عادة الانتهاء من كل هذه المراحل السابقة في جلسة واحدة من جلسات التوجيه، ثم بعد ذلك يقوم الموظف الذي يجري توجيهه بتطبيق مسارات العمل المتفق عليها وتنفيذها بدعم كامل من الموجه؛ وذلك بهدف رفع كفاءة مستويات الأداء باستمرار. وفي المرحلة الأخيرة يعقد الموجه والموظف الذي يتم توجيهه جلسة التوجيه التالية لمناقشة الدروس المستفادة وكيف يتم التعامل على أساسها في المستقبل.

كذلك حدد لي برانهام Leigh Branham في كتابه «الأسباب السبعة الخفية لاستقالة العاملين» والمنشور عام 2005، خمس خطوات للتوجيه الإداري هي كالتالي:

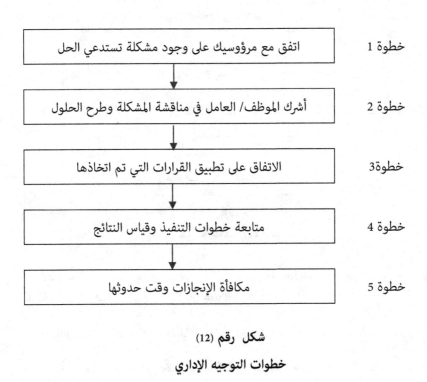

خطوة 1	اتفق مع مرؤوسيك على وجود مشكلة تستدعي الحل
خطوة 2	أشرك الموظف/ العامل في مناقشة المشكلة وطرح الحلول
خطوة3	الاتفاق على تطبيق القرارات التي تم اتخاذها
خطوة 4	متابعة خطوات التنفيذ وقياس النتائج
خطوة 5	مكافأة الإنجازات وقت حدوثها

شكل رقم (12)

خطوات التوجيه الإداري

لماذا يحجم المديرون عن توجيه العاملين؟

هناك أسباب عديدة لإحجام المديرين عن توجيه العاملين، حدد لي برانهام Leigh Branham بعضها كالتالي:

1- عدم رغبة المديرين في جرح مشاعر مرؤوسيهم أو مضايقتهم بتوجيه اللوم إليهم، مما يؤدي إلى اللجوء لوسائل دفاعية سلبية تضر بالعمل أو تدخلهم في جدل يؤدي إلى فقدان السيطرة على النفس والتصرف بطريقة عصبية أو سلبية.

2- انشغال المديرين عن العاملين بسبب ضغوط العمل.

3- عدم الحصول على آراء سديدة أو تعليقات مفيدة من العاملين.

4- عدم تلقي المديرين التدريب المناسب للقيام بمهامهم الإشرافية بطريقة إيجابية.

استقصاء
تقييم مهاراتك في توجيه الآخرين

قدمت سلسلة الإدارة المثلى في كتابها «أساليب التوجيه المثلى» والمنشور عام 2002، استقصاء يساعدك في تقييم مهاراتك في توجيه الآخرين وذلك في بيئة العمل. يرجى إتباع التعليمات التالية:

قيّم أداءك كموجه عن طريق الاستجابة للعبارات التالية واختر الإجابة الأقرب لخبراتك، وكن أمينا على نفسك بقدر الإمكان؛ فإذا كانت إجابتك بـ «أبدا» سجل الدرجة (1)، أما إذا كانت إجابتك بـ «دائما» فسجل الدرجة (4) ... وهكذا. ثم اجمع الدرجات التي حصلت عليها، وأرجع للتحليل الموجود في نهاية التدريب لمعرفة المستوى الذي حققته، واستخدم إجاباتك لتحديد المجالات التي تتطلب العمل على تحسينها.

الاختيارات:

1 = أبدا

2 = أحيانا

3 = غالبا

4 = دائما

1- افترض أن العاملين معي قادرون على القيام بأعمالهم بطريقة جيدة.

① ② ③ ④

2- عندما أتوجه بتوجيه الآخرين يكون تركيزي منصبا على الإنجازات السابقة والمحتملة في المستقبل.

① ② ③ ④

3- أفضل الاستماع لآراء الآخرين وأفكارهم عن أن أقوم بالحديث بنفسي طوال الوقت.

① ② ③ ④

4- لديّ استعداد لتلقي التغذية المرتدة السلبية من أعضاء فريق العمل معي.

① ② ③ ④

5- أدرك جيدا نواحي القصور لدى عند قيامي بالاتصال مع الآخرين.

① ② ③ ④

6- أول انطباع لديّ من أقوم بتوجيههم هو أنني أتميز بالصراحة والفضول وحب معرفة كل شيء.

① ② ③ ④

7- أسعى جاهدا لإشراك العاملين في اتخاذ القرارات المهمة في المشروع.

① ② ③ ④

8- أعامل العاملين على أنهم شركاء لي وليسوا مرؤوسين.

① ② ③ ④

9- لا تحدث أي مقاطعات أو تشتت إطلاقا لجلسات التوجيه التي أعقدها.

① ② ③ ④

10- لديّ المرونة للانتقال في جلسة التوجيه ما بين مناقشة الأهداف والبحث في المشكلات.

① ② ③ ④

11- أؤمن بأن الأفراد سيتحملون المسؤولية ويمارسونها عندما يمنحون الصلاحيات للقيام بذلك.

① ② ③ ④

12- استطيع الربط بين الحاجات التحفيزية لدى العاملين معي وبين أهدافهم في العمل.

① ② ③ ④

13- أسعى جاهدا لتحديد ما هو جوهري في جوانب قلق العاملين وتخوفهم.

① ② ③ ④

14- انتبه تماما لملاحظة الدلائل غير اللفظية التي تبدو على العاملين أثناء تفسيري لمجريات الحديث والاتصال بهم.

① ② ③ ④

15- افترض مقدما أن الجميع لم يستغل نقاط القوة والمواهب الكامنة فيهم إلى الحد الأمثل.

① ② ③ ④

16- أفحص وأتأمل مليا في كل ما قيل لكي أراجع وأتأكد من الفهم المتبادل بيني وبين العاملين.

① ② ③ ④

17- افتراض أن التغيرات البناءة من السهل تحقيقها.

① ② ③ ④

18- أفضل طرح الأسئلة ذات النهايات المفتوحة عن الأسئلة المغلقة بنعم أو لا.

④ ③ ② ①

19- لا أخشي توجيه رؤسائي وزملائي، بالإضافة إلى توجيه العاملين معي.

④ ③ ② ①

20- أؤمن أن الاتصال الجيد يعتمد على رؤية مختلف الآراء وتقبل وجهات النظر.

④ ③ ② ①

21- عندما أقوم بالتوجيه، فإنني أفترض أن العاملين قادرون على التوصل إلى الحلول بأنفسهم.

④ ③ ② ①

22- أؤمن بأن أفضل نتائج التوجيه تأتي من التبصر الخلاق المبتكر.

④ ③ ② ①

23- عندما أعطي التغذية المرتدة عن الأداء الضعيف للعاملين أكون بناء ومحددا.

④ ③ ② ①

24- أنهي جلسات التوجيه بالحصول على التزام محدد للقيام بمهمة معينة.

④ ③ ② ①

25- أتحكم في جلسات التوجيه بربط كل ما قبل بهدف التوجيه المحدد والمتفق عليه.

④ ③ ② ①

26- أتابع التوجيه بأن أطلب التقديم الدوري كموجز عن تطور سير العمل.

① ② ③ ④

27- أطلب التقارير كإجراء احتياطي ولكنني أطلق حرية العاملين في كل مسئولية قراراتهم.

① ② ③ ④

28- أفترض أن التوجيه سينجح عندما يمنح العاملون المسؤولية والصلاحية.

① ② ③ ④

29- أتقابل مع مخاوف العاملين بالكشف عن الحاجات الكامنة وراءها.

① ② ③ ④

30- اعتبر من المهم جدا أن ألعب دور القدوة لاتجاه التوجيه.

① ② ③ ④

31- إذا ما طلب أحد النصح مني، فإنني أقدمه في شكل اقتراحات وليست توجيهات أو أوامر.

① ② ③ ④

32- أعمل على أن يكون التوجيه بالهاتف أو البريد الإلكتروني مباشرا ومختصرا بقدر الإمكان.

① ② ③ ④

التحليل:

والآن وقد انتهيت من هذا التقييم الذاتي، قم بجمع مجموع الدرجات التي حصلت عليها، وراجع أداءك بالرجوع إلى بيان التقييم المذكور أدناه، وحدد أضعف الجوانب لديك ثم عد إلى الأجزاء المتعلقة بهذه الجوانب في هذا الكتاب بهدف تنمية مهاراتك وترقيتها في توجيه الآخرين:

- **من 96 - 128 درجة:** إنك موجه ناجح، ولكن لا تستسلم للغرور وأعمل جاهدا وباستمرار على الحصول على أفضل النتائج من فريق العاملين معك، وأن تنمي قيم التوجيه ومبادئه من الآخرين.

- **من 64 - 95 درجة:** لديك مهارات معقولة في التوجيه، ولكن هناك بعض المجالات التي تحتاج إلى التحسين. ركز على القيام بالتحسين في الجوانب المذكورة في هذا الاختبار والتي كانت درجاتك فيها منخفضة.

- **من 32 - 63 درجة:** هناك عديد من المهارات يتطلب الأمر أن تمارسها وتتدرب عليها لكي تصبح موجها جيدا، وافحص جيدا اتجاهاتك الشخصية تجاه قيم التوجيه ومبادئه، بالإضافة إلى العمل على تحسين مهارات محددة لديك.

الفصل الرابع عشر
إرشـاد العاملين

أشتمل هذا الفصل على:

- 📖 مقدمـة.
- 📖 تعريف الإرشاد.
- 📖 خصائص الإرشاد.
- 📖 مزايا عملية الإرشاد.
- 📖 أنواع الإرشاد.
- 📖 أدوار المرشـد.

الفصل الرابع عشر

إرشـاد العامليـن

مقدمـة:

يهتم الفصل الحالي بموضوع إرشاد العاملين، فتم تعريف مصطلح الإرشاد وخصائصه ومزاياه وأنواعه وأدوار المرشد بصفة عامة وفي مجال الإدارة بصفة خاصة.

ويعتبر إرشاد العاملين من ضمن أساليب التحفيز الإيجابي والمعنوي التي من الضروري تقديمها وإتاحتها لجميع العاملين نظرا لأهميتها كما سنرى.

تعريف الإرشاد:

هناك تعريفات عديدة للإرشاد نذكر منها على سبيل المثال:

1- تعريف جوستاد Gustad: الإرشاد بأنه عملية موجهة تعليما، تتم في إطار بيئة اجتماعية بين شخصين في أغلب الأحوال، حيث إن المرشد شخص مهني لديه المعرفة والمهارة في مساعدة المسترشد ليتعلم أكثر عن ذاته، وكيفية تحقيق أهدافه بشكل واقعي، بما يجعله أكثر سعادة وإنتاجا في المجتمع.

2- تعريف برامر وشوستروم Brammer & Shsotrom: الإرشاد بأنه عملية مهنية موجهة نحو التخطيط المنطقي وحل المشكلات واتخاذ القرارات والمساندة في مواجهة الضغوط التي تطرأ على الحياة اليومية للأشخاص الأسوياء (العاديين).

3- تعريف بتروفيزا وهوفمان Pietrofesa & Hoffman: الإرشاد بأنه عملية مساعدة الأفراد في تحقيق فهم أكثر لأنفسهم وحل مشكلاتهم.

4- تعريف حامد زهران: الإرشاد بأنه عملية بناءة تهدف إلى مساعدة الفرد لكي يفهم ذاته ويدرس شخصيته ويعرف خبراته ويحدد مشكلاته وينمي إمكاناته ويحل مشكلاته في ضوء معرفته ورغبته وتعليمه وتدريبه لكي يصل إلى تحديد وتحقيق أهدافه وتحقيق الصحة النفسية والتوافق شخصيا وتربويا ومهنيا وأسريا وزواجيا.

5- تعريف ماجدة سعد وهشام عبدالحميد: الإرشاد بأنه مهنة مخططة تتضمن مجموعة من الخدمات التي تشترك في تقديمها العديد من التخصصات العلمية التي تقدم للأفراد حتى يتمكنوا من مواجهة مشكلاتهم الشخصية والاجتماعية والمهنية

6- الإرشاد هو العملية التي يساعد فيها أحد الأشخاص شخصا آخر لتتفتح قدراته الذاتية الكامنة، وليقوم بأداء متطور ويتعلم وينجز أكثر، ويزيد من إدراكه بالعناصر التي تحدد الأداء، ويزيد من إحساسه بالمسؤولية الذاتية عن أدائه، ويرشد نفسه بنفسه ويحدد الحواجز النفسية التي تعيق إنجازاته في الأداء.

خصائص الإرشاد:

في ضوء التعريفات السابقة يمكن تحديد خصائص الإرشاد في التالي:

1- الإرشاد علاقة مهنية متبادلة وجها لوجه بين المرشد (وهو هنا الأخصائي الاجتماعي أو النفسي أو مدرس أو أخصائي التدريب المهني ...) والمسترشد وهو هنا الموظف أو العامل أو أسرهم.

2- المسترشد قد يكون شخصا أو أكثر، على سبيل المثال قد يكون فردا أو أسرة أو جماعة (مثل: جماعة العمل وجماعة الرفاق...).

3- الإرشاد يهتم بالفرد السوي لمساعدته على أن يفهم نفسه وفي التغلب على المشكلات التي تواجهه والتي لا يستطيع أن يتغلب عليها بمفرده.

4- يوفر المرشد الظروف التي تسهل عملية التغيير المطلوبة من خلال المقابلات.

5- يتوفر في الإرشاد عنصران: الإنصات، والتفاعل المتبادل.

6- على المرشد أن يدرس ويتفهم المسترشد.

7- يتم الإرشاد في إطار من السرية وتحكمه أخلاقيات المهنة.

8- الإرشاد ذو مدى قصير في الأداء.

9- الإرشاد يهتم بالفرد وليس بالمشكلة التي يعاني منها، باعتبار أنه يستطيع أن يعالج مشكلاته إذا لم يكن مضطربا انفعاليا.

10- الإرشاد عملية هادفة لتحقيق أهداف تنمية ووقائية وعلاجية بنفس الترتيب. بمعنى أن الأولوية تعطي للأهداف التنموية والوقائية، بينما الأهداف العلاجية تأخذ أهمية ثانوية.

مزايا عملية الإرشاد:

يمكن تحديد بعض مزايا عملية الإرشاد في مجال الإدارة كالتالي:

1- فرصة لتعلم الجميع: الرؤساء والمرؤوسين.

2- تساعد في حل مشكلات العمل.

3- تساعد في تطوير أداء العاملين، وذلك بتوسيع إدراكهم وخبراتهم في الإلمام بجانب العمل المختلفة، وإكسابهم المهارات اللازمة لتنمية قدراتهم.

4- تساعد العاملين على أداء الأعمال المطلوبة منهم بالوجه المناسب والمتميز.

5- زراعة الثقة في نفس الموظف/ العامل ما دام يشارك بتقديم الحلول والمقترحات لمشكلات تواجهه في العمل.

6- حفز الموظف/ العامل على الحرص على تطوير أدائه وتشجيعه على التعبير عن آرائه في جو ودي وبعيد عن الخوف.

7- خلق علاقة طيبة بين الرئيس ومرؤوسيه حيث الثقة المتبادلة والتفاهم,

أنواع الإرشاد:

هناك أنواع عديدة من الإرشاد يمكن رصد بعضها كالتالي:

1- الإرشاد النفسي:

الإرشاد النفسي Psycho Counseling عملية واعية مقصودة لتوجيه الفرد ليفهم نفسه ودوافعه وحاجاته وقدراته وميوله والاستفادة منها في حل مشكلاته وتحقيق أهدافه.

ومهمة الإرشاد النفسي هي مسئولية رئيسية تقع على عاتق الأخصائي النفسي أو الطبيب النفسي.

وتوفر بعض المنظمات الكبيرة خدمات الإرشاد النفسي للعاملين بها عندما يحتاجون لمثل هذه الخدمات، فبعض العاملين قد يعانون من مشكلات نفسية ومن ضغوط العمل وضغوط الحياة وعدم التوافق النفسي وبالتالي فهم في حاجة إلى الإرشاد النفسي لمساعدتهم على التغلب على مثل هذه المشكلات.

2- الإرشاد الاجتماعي:

الإرشاد الاجتماعي Social Counseling عملية واعية مقصودة بهدف التأثير الإيجابي في شخصية المسترشد (العميل) والظروف البيئية المحيطة لتحقيق أفضل أداء ممكن لأدواره ووظائفه الاجتماعية والتعامل الإيجابي مع المشكلات ومع الآخرين.

ومهمة الإرشاد الاجتماعي هي مسئولية رئيسية تقع على عاتق الأخصائي الاجتماعي الذي يمارس مهنة الخدمة الاجتماعية.

وتهتم كل المنظمات بتقديم الخدمات الاجتماعية للعاملين ولأسرهم - ومنهم خدمات الإرشاد الاجتماعي - وذلك لمساعدتهم على إشباع حاجاتهم وحل مشكلاتهم الاجتماعية والأسري، بما يسهم بدوره في تفرغ العاملين للعملية الإنتاجية.

3- الإرشاد المهني:

الإرشاد المهني Vocational Counseling عملية واعية مقصودة تهدف إلى تعريف المسترشد بالمهن والحرف واختبار قدراته في هذا المجال وتحديد برامج التدريب المهني المناسبة له ومساعدته في تحديد المهنة أو الحرفة المناسبة له في ضوء تقييم تعليمه وخبراته وقدراته.

وشعار الإرشاد المهني في هذا الخصوص اختيار الشخص المناسب في العمل أو الوظيفة المناسبة ومساعدته على التوافق مع بيئة وظروف العمل.

ومهمة الإرشاد المهني هي مسئولية رئيسية تقع على عاتق أخصائص التدريب المهني وأخصائي التأهيل المهني.

وتوفر كثير من المنظمات خدمات الإرشاد المهني من خلال أقسام أو إدارات التدريب في هذه المنظمات للمساعدة في عمليات الاختيار والتدريب والتدريب التحويلي والتأهيل المهني للعاملين.

4- الإرشاد التربوي:

الإرشاد التربوي Educational Counseling عملية واعية مقصودة تهدف إلى مساعدة الفرد على معرفة وإمكاناته وتوجيهها إلى المجالات التعليمية التي تتناسب معها.

ومهمة الإرشاد التربوي هي مسئولية رئيسية تقع على عاتق المدرسين والموجهين التربويين.

وتوفر بعض المنظمات خدمات الإرشاد التربوي من خلال أقسام أو إدارات الرعاية

الاجتماعية للعاملين في هذه المنظمات لمساعدة العاملين في عمليات التعليم المستمر واستكمال العاملين لدراساتهم بدء من محو الأمية إلى الحصول على درجة الدكتوراه.

5- الإرشاد الديني:

الإرشاد الديني Religious Counseling عملية واعية مقصودة تهدف إلى مساعدة الإنسان أفراد أو جماعات على إتباع المنهج الديني القومي في حياتهم بناء على أسس ومبادئ وتعليمات الأديان السماوية، بما يساهم في تحقيق الأمن والأمان لهم وتكوين علاقات إيجابية مع الآخرين.

ومهمة الإرشاد الديني هي مسئولية رئيسية تقع على عاتق رجال الدين المؤهلين للقيام بذلك.

وتهتم بعض المنظمات بتوفير خدمات الإرشاد الديني في بعض المناسبات الدينية وخاصة خلال شهر رمضان من كل عام، من منطلق أن الشخص المتدين والفاهم لأسس ومبادئ دينية نجده أكثر إخلاصا وولاء لمنظمته وأكثر إنتاجا في عمله؛ نظرا لأن الدين يدعم ويقوي مثل هذه القيم والسلوكيات.

أدوار المرشـد:

يعمل المرشد Counselor/ Guide على توجيه المسترشد لتحديد أهدافه بدقة ووضوح وواقعية، وتحديد الوسائل المتاحة وابتكار أخرى لتحقيق هذه الأهداف، ثم تقييم هذه الوسائل، وعقد المفاضلة فيما بينها وذلك لاختيار الوسائل المناسبة لتحقيق الأهداف المحددة. ويستخدم المسترشد في ذلك ما لديه من معرفة ومهارات وخبرات. واختيار الاتجاه وأسلوب العمل يجب أن ينبع من المسترشد وليس المرشد أي حق في فرض أي رأي أو تصرف لا يرغبه المسترشد.

وعلى المرشد أن يوضح أفضل السبل التي يقتنع بها المسترشد والتي لو سلكها لأخذ مكانه المناسب في الحياة وحقق التوافق مع المجتمع بما يجعله سعيدا ومنتجا في المجتمع، وإذا اختار المسترشد أهدافا أو سائل لتحقيق تلك الأهداف لا يقرها المرشد، ولا يقتنع بها، فعليه أن يفصح عن رأيه بصراحة دون أن يوجه لوما أو تقريعا للمسترشد وبدون أن يرغمه على قبول وجهة نظره.

وفي مجال الإدارة يمكن الإشارة إلى:

1- أن الرؤساء يقومون بعملية الإرشاد لمساعدة العاملين ليتعلموا مهام وظائفهم اليومية.

2- أن الرؤساء يديرون مناقشة فردية مع الموظف/العامل أو مناقشة جماعية مع العاملين لتطوير الأداء وتنمية قدراتهم.

3- عملية الإرشاد تفتح آفاقا جديدة تبعث الثقة في النفس لدى العاملين والقدرة على اكتساب مهارات جديدة تساعدهم على أداء العمل المطلوب منهم بصورة متطورة باستمرار. وغالبا ما تكون عملية المساعدة هذه مرتبطة بحل مشكلات تواجه الموظف/ العامل في أداء عمله.

4- وعلى المرشد (الرئيس) أن يجعل المسترشد (الموظف أو العامل) جزء من حل المشكلة المطروحة، وذلك بإعطائه الفرص للمشاركة والتقدم بمقترحات عملية من عنده لمواجهة تلك المشكلة ووضع الحل الأنسب لها بمساعدة الرئيس.

5- بعض المنظمات الكبيرة تعين أخصائيا نفسيا أو أخصائيا اجتماعيا أو أحيانا طبيبا نفسيا ليقوم بعمليات التوجيه والإرشاد والتنفيس الوجداني، وتقليل التأثيرات السلبية لضغوط العمل والحياة لدى العاملين.

الفصل الخامس عشر
المزايا والخدمات التي تقدم للعاملين في المنظمات

أشتمل هذا الفصل على:

📖 التحفيز عبر تقديم الخدمات الاجتماعية.

📖 أهمية المزايا والخدمات للعاملين.

📖 أمثلة على بعض المزايا والخدمات التي تقدم للعاملين:

1- الخدمات الصحية.

2- الخدمات الاجتماعية والرياضية.

3- الخدمات التعليمية والثقافية.

4- الخدمات التسهيلية.

الفصل الخامس عشر

المزايا والخدمات التي تقدم للعاملين في المنظمات

التحفيز عبر تقديم الخدمات الاجتماعية:

يقدم هذا الشكل التحفيزي لكافة الأشخاص في المؤسسة بغض النظر عن مستوى أدائهم، أو نتائج عملهم، ويتم اللجوء إليه لإشباع حاجات شخصية أو اجتماعية تحقق المصالح الذاتية، وتسهم في حل المشكلات، وتزيل بعض معوقات سير العمل.

ويقدم هذا الشكل من الحوافز بشكل مجاني، أو بسعر التكلفة لكافة العاملين بالمنظمة.

لقد تطور مفهوم حق الرعاية مصاحبا للثورة الصناعية التي أحدثت تغييرات جذرية على الصعيدين الاجتماعي والاقتصادي، وأدت محصلتها إلى تحسن مطرد في الظروف الصحية والتعليمية والاجتماعية والاقتصادية للعاملين، وأصبح حق العاملين في قطاع الصناعة لا يمنح ولا يورث ولكن يمارس.

هذا، ويمثل حق العاملين في الرعاية أحد الاستحقاقات المترتبة على مردود وعائد عملية الإنتاج.

وفي هذا السياق، لابد من الإشارة إلى أن الخدمات التي تقدم للعاملين ليست عملية استهلاكية وإنما هي عملية إنتاجية، فلقد أثبتت البحوث والدراسات أن تقديم العديد من الخدمات للعاملين أدى إلى تحقيق مزيد من الإنتاجية والولاء والانتماء وزيادة الرضا الوظيفي وحب المنشأة وقلة المشكلات التي يعاني منها العاملون وأسرهم، مما يؤدي بدوره إلى قلة نسبة الغياب ومعدلات إصابات وحوادث العمل.

أهمية المزايا والخدمات للعاملين:

تقديم المزايا والخدمات للعاملين له دور هام في تحقيق الآتي:

1- جذب الأفراد للعمل واستمرارهم بالمنظمة.

2- توفير المناخ الملائم إلى يشعر الأفراد بالأمان.

3- شعور جميع الموظفين بأن المنظمة تسهر على رعايتهم وترعى حقوقهم.

أمثلة على بعض المزايا والخدمات التي تقدم للعاملين:

1- الإجازات والعطلات المدفوعة.

2- التأمينات الاجتماعية.

3- القروض.

4- المشاركة في الأرباح.

5- المساهمة في ملكية الأسهم.

6- الوقت غير المنتج (مثل: وقت الراحة ووقت الغذاء).

7- خطة التقاعد.

والآتي شرح تفصيلي لبعض هذه المزايا.

1- الإجازات والعطلات المدفوعة:

لا يوجد إنسان يستطيع أن يعمل باستمرار بدون إجازات، فأي إنسان يحتاج إلى العديد من الإجازات لأسباب عديدة منها: الحصول على الراحة وكسر روتين العمل، أو الحج، أو للزواج، أو للوضع، أو للمرض، أو للمصيف.

والإجازات بمختلف أنواعها هي أحد حقوق العاملين في أي منظمة، يقررها قانون العمل بالدولة وتنظمها لوائح وتعليمات كل منظمة، ومن أنواع الإجازات نذكر: الإجازات السنوية، والرسمية، والمرضية، والعارضة، والخاصة.

2- التأمينات الاجتماعية:

أصحبت التأمينات الاجتماعية ضرورة من ضرورات أي مجتمع في العصر الحديث. وتعتبر التأمينات الاجتماعية إحدى وسائل الأمن الاجتماعي في مجال تحقيق الحماية والأمان الاجتماعي. وهي تقتصر على ذلك النظم التي تستهدف تغطية خطر اجتماعي معين في مقابل تجميع اشتراكات يؤديها العاملون المؤمن عليهم وأصحاب الأعمال والدولة، ثم إعادة توزيع هذه الاشتراكات على من يتحقق بالنسبة لهم وقوع الخطر المتوقع منه.

ولقد أوجد المشروع التأمينات الاجتماعية لتغطية المخاطر التي قد يتعرض لها العاملون في أي منظمة، سواء كانت حكومية أو قطاعا عاما أو قطاعا خاصا أو منظمات إقليمية أو دولية.

والمخاطر التي يواجهها العاملون عديدة. ومن المخاطر التي يغطيها التأمين الاجتماعي نذكر:

1- المرض.

2- الوفاة.

3- العجز.

4- الشيخوخة.

5- إصابات العمل.

6- الأعباء العائلية.

7- البطالة.

ويشمل نظام التأمين الاجتماعي التأمينات التالية:

1- تأمين الشيخوخة.

2- تأمين العجز.

3- تأمين الوفاة.

4- تأمين إصابات العمل.

5- تأمين المرض.

6- تأمين البطالة.

أمثلة على بعض الخدمات التي تقدم للعاملين:

1- خدمات صحية.

2- خدمات اجتماعية.

3- خدمات رياضية.

4- خدمات تعليمية.

5- خدمات ثقافية.

6- خدمات تسهيلية.

والآتي شرح تفصيلي لبعض هذه الخدمات.

1- **الخدمات الصحية:**

وتتنوع هذه الخدمات التي تقدمها المنظمة لأفرادها. ومن أمثلتها: الكشف الطبي الدوري العام الذي تجريه الإدارة للاطمئنان على صحة موظفيها، وكذلك الفحوص والتحاليل والتأمين الصحي والعلاج الذي يشمل عيادة الطبيب وشراء الأدوية وإجراء التحاليل، والعمليات الجراحية، هذا بالإضافة إلى المجهودات التي تبذلها المنظمة لتنمية الوعي الصحي لدى أفرادها كمنع البصق والتدخين مثلا، وتوفير أماكن نظيفة للوضوء والصلاة ... الخ.

2- **الخدمات الاجتماعية والرياضية:**

ومن أمثلتها:

أ - بعض المنظمات لديها نادي رياضي.

ب- بعض المنظمات أنشأت صالات رياضية في مواقع العمل.

ج- النوادي الرياضية والاجتماعية التي يمكن للأفراد أن يترددوا عليها ويمارسوا فيها أنشطتهم الرياضية والاجتماعية والترفيهية، وكذلك الفرق الرياضية التي تكونها المنظمة من عامليها وتقيم بينها وبين الفرق الأخرى المباريات والمهرجانات الرياضية.

د- التنقلات والرحلات الترفيهية والسياحية داخل البلاد وخارجها.

هـ- الاستشارات وخدمات العلاج النفسي والاجتماعي لأولئك الأفراد الذين يحتاجون إلى مساعدة شخصية أو عند مواجهة مشكلات عائلية أو عاطفية، إلى غير ذلك من المواقف والأحوال التي تستدعي استشارة المختصين.

3- الخدمات التعليمية والثقافية:

ومن أمثلها:

أ- مساعدة العاملين على إكمال تعليمهم أو الحصول على شهادات أعلى وذلك بدفع نفقات التعليم أو جزء منها.

ب- تعليم الكبار أو التعليم المستمر والذي يتمثل في دراسة موضوعات معينة كاللغات والحاسب الآلي والترجمة.

ج- مجهودات محو الأمية.

د- المحاضرات والندوات الثقافية والاجتماعية والدينية.

4- الخدمات التسهيلية:

ومن أمثلها:

(أ) الإسكان:

ويأخذ أشكالا متعددة: بناء مجمع سكني للعاملين، أو صرف بدل مسكن، ومساعدة الأفراد في العثور على المسكن الملائم، وكذلك إعطاء الفرصة لامتلاك الوحدات السكنية.

(ب) المواصلات:

وتتضمن نقل الأفراد من أماكن إقامتهم إلى أعمالهم وبالعكس، أو صرف بدل انتقال. وعلى المنظمة أيضا أن توفر مواقف لسيارات العاملين، حيث إن عدم توفير مساحة كافية يؤدي إلى تأخر الموظف في بدء عمله بسبب ضياع الوقت في البحث عن مكان لإيقاف سيارته.

(ج) التعاونيات/ الكانتين:

وتتضمن محال المواد الغذائية، ومتاجر الأقسام، وتوفر هذه المحال السلع المطلوبة بسعر ملائم أو مخفض.

(د) دور الحضانة:

في كثير من الأحيان تنشئ المنظمة دورا للحضانة لأبناء العاملين لتوفر لهم الشعور بالاطمئنان على أبنائهم، وينظم قانون العمل مثل هذا الأمر، حيث يلزم جهة العمل التي يعمل بها أكثر من 100 موظفة/ عاملة أن تنشئ في مكان العمل دار حضانة لأبنائهن.

وحتى تظل المزايا السابقة موجبة لولاء العاملين وانتمائهم لابد من مراعاة الإدارة في المنظمة لعملية تجديد المزايا التي توفرها للعاملين وتطويرها من حين لآخر، وكذلك يجب تأكيد فكرة الأخذ والعطاء وتبادل المنافع بين الإدارة والعاملين، وتجنب تحقيق أحد الطرفين مكاسب على حساب الطرف الآخر.

فالإدارة تقدم حوافز ومزايا للعاملين وتحصل منهم على إنتاجية مرتفعة وولاء وإخلاص والعاملون يقدمون أيضا جهودهم وأوقاتهم وقدراتهم ومهاراتهم العمل وخلاصهم له ولمنظماتهم ويحصلون على الإشباع الذي يريدونه لحاجاتهم المادية والمعنوية، ومن ناحية أخرى ينبغي على الإدارة أن تقوم بدراسة المشكلات التي تواجه تطبيق هذه المزايا للعاملين وتبحث مداخل علاجها ثم تحسينها وتطويرها.

هذا ويتولى تقديم المزايا والخدمات للعاملين في المنظمة فريق عمل من مختلف التخصصات مثل:

1- العاملون في إدارة الموارد البشرية.
2- موظفو العلاقات العامة.

3- المحامون.

4- الأخصائيون الاجتماعيون.

5- أخصائيو التغذية.

6- أخصائيو التربية الرياضية.

7- الأطباء والممرضات.

8- المدرسـون.

الفصل السادس عشر
تحسين مناخ وظروف بيئة العمل

أشتمل هذا الفصل على:

📖 مقدمة.

📖 أولا: تلطيف جو العمل أو الإنتاج.
   1- التناوب في العمل.
   2- توسيع مجال العمل.
   3- إثراء العمل (الإثراء الوظيفي).

📖 ثانيا : تحسين ظروف العمل:
   • معنى ظروف العمل.
   • ظروف العمل غير الآمنة.
   • التصرفات غير الآمنة من جانب العاملين.
   • تحقيق الأمن والسلامة في بيئة العمل.

📖 قائمة الفحص الذاتي للأمان والصحة الوظيفية.

📖 حالة عملية: تحسين جودة مكان العمل أدى إلى زيادة مستوى الرضا في بنك مونتريال.

الفصل السادس عشر

تحسين مناخ وظروف بيئة العمل

مقدمة:

من مداخل تطوير وتحسين السلوك التنظيمي وأيضا من وسائل التحفيز الفعال للعاملين بأي منظمة تحسين مناخ وظروف بيئة العمل، ومن محاور ذلك :

أولا : تلطيف جو العمل أو الإنتاج.

ثانيا : تحسين ظروف العمل.

ويهتم الفصل الحالي بإلقاء الضوء على هذين المحورين مع توضيح أساليب ذلك.

أولا : تلطيف جو العمل أو الإنتاج :

لقد كان من نتيجة المبالغة الشديدة في تقسيم العمل وفي التخصص الذي دعت إليه حركة الإدارة العلمية للأعمال أن تميز العمل بالروتينية والتكرار الشديدين، وبأنه لا يتيح فرصة للابتكار والتجديد.

ونتج عن ذلك الشعور بالرتابة والضجر والملل والتعب والاستياء من العمل. وانعكست آثار ذلك في بعض الظواهر السلبية مثل: ضعف الإنتاجية، وعدم القدرة على التجديد والتطوير، وارتفاع معدلات حوادث وإصابات العمل، وارتفاع معدلات الغياب، وارتفاع معدلات دوران العمل، والاعتزال المبكر من الخدمة... ومن هنا

261

كانت الدعوة في السنوات الأخيرة لإعادة تصميم العمل وتلطيف جو العمل أو الإنتاج ليصبح أكثر قبولا لدى العاملين وتعزيز دوافعهم للعمل وللحد من الظواهر السلبية السابق ذكرها.

ومن وسائل ذلك نذكر :

1- التناوب في العمل :

من أساليب إعادة تصميم العمل وتلطيف جو العمل أو الإنتاج ما يسمى: التناوب في العمل Job Rotation ، ويقصد به أن العامل أو الموظف الواحد لا يظل يعمل نفس العمل المحدود بشكل روتيني ومتكرر طوال اليوم، وإنما يقوم بالتناوب مع زملائه للقيام بعدة أجزاء من العمل على التوالي، بمعنى التغيير الدوري للعاملين بين أعمال مختلفة تتضمن مهام مختلفة، وذلك وفق جدول زمني محدد على مدى ساعة/يوم/أسبوع/شهر، مما يقلل من الرتابة والتعب الجسمي. وهذا الأسلوب يحتاج عند تطبيقه إلى إكساب العامل/الموظف لمهارات جديدة ليكون قادرا على إنجاز أجزاء عديدة في العمل المطلوب.

2- توسيع مجال العمل:

من أساليب إعادة تصميم العمل وتلطيف جو العمل أو الإنتاج ما يسمى بتوسيع أو تكبير العمل أو الوظيفة Job Enlargement، بمعنى جعل العمل أو الوظيفة تتضمن مجموعة متنوعة من الواجبات أو المهام من نفس المستوى بدلا من القيام بمجرد جزء بسيط من العملية طوال الوقت.

ويحتاج تطبيق هذا الأسلوب إلى إكساب العامل/الموظف لمهارات جديدة حتى يستطيع القيام بالأعمال الجديدة التي سيقوم بها.

3- إثراء العمل (الإثراء الوظيفي):

من أساليب إعادة تصميم العمل وتلطيف جو العمل أو الإنتاج ما يسمى: إغناء أو إثراء العمل أو الإثراء الوظيفي Job Enrichment ، بمعنى توسيع العمل عموديا، أي إعطاء العامل/الموظف درجة كبيرة من الرقابة على عمله، بداية من التخطيط والتنظيم حتى التنفيذ وتقييم النتائج ومراقبة الجودة. كذلك فإن الإثراء الوظيفي يشير إلى التوسع في تفويض السلطة للعاملين، وإعطائهم فرصا حقيقية لاتخاذ معظم القرارات المتعلقة بالعمل دون الرجوع لرؤسائهم المباشرين.

ويتطلب تطبيق هذا الأسلوب من العامل/الموظف مهارات إضافية ويلقي عليه المزيد من المسئولية، مما يتطلب معه توفير برامج التدريب المناسب لهم...

كذلك فإن هذا الأسلوب يجدد قدرات العاملين ويطور مهاراتهم لمقابلة الأعباء والمسئوليات المطلوبة منهم، ويتيح لهم ممارسة الإبداع والابتكار..

ويترتب على ذلك شعور العامل/الموظف بأهميته وقيمة دوره في المنظمة التي يعمل بها ...

إن نجاح تطبيق هذا الأسلوب يتوقف على: درجات طموح العاملين وقدراتهم الابتكارية، إلى جانب استعدادهم للعطاء، وللعمل الجماعي والفريقي وحرصهم على نجاح العمل ورقي مستوياته، وإلى توفر برامج التدريب المطلوبة...

إلا أن تطبيق هذا الأسلوب ليس بالعملية السهلة فقد يكون غير مقبول من جانب بعض العاملين بسبب اعتيادهم على القيام بالعمل بطريقة معينة وعدم رغبتهم في التغيير، بالإضافة إلى أن الأفراد الذين ينخفض لديهم دافع الإنجاز لا يستطيعون التوافق مع هذا الأسلوب.

ثانيا : تحسين ظروف العمل :

معنى ظروف العمل :

تتكون ظروف العمل من :

1- المكان الذي يعمل فيه العامل/الموظف.

2- طريقة تصميم وترتيب مكان العمل.

3- المعدات المستخدمة في العمل.

4- الإضاءة.

5- التهوية.

6- التكييف والتدفئة .

7- الأثاث الموجود في مكان العمل.

8- وسائل الخدمة والترفيه كدورات المياه والمقصف والمطعم وحجرات الراحة والمكتبة وصالات الرياضة.. وأماكن انتظار السيارات والمساحات الخضراء داخل المنظمة...

وتشكل ظروف العمل المناسبة حافزا يشجع العاملين على مزيد من العمل والرضا والإنتاجية وتقليل إصابات وحوادث العمل..

ولقد اهتمت كثير من المنظمات بتحسين ظروف العمل مما ساهم في زيادة إنتاجية العاملين وولائهم واستمرارهم في هذه المنظمات...

كذلك أنشأت كثير من المنظمات أقساما وإدارات للأمن وسلامة العاملين للاهتمام بتحسين ظروف العمل، وتوفير الأمن والسلامة في بيئة العمل.

ظروف العمل غير الآمنة :

إن ظروف العمل غير الآمنة هي أحد الأسباب الرئيسية للحوادث، وتشمل عوامل مثل :

1- الآلات غير المحصنة جيدا.

2- الآلات التي بها عيوب.

3- الممرات الضيقة.

4- المخارج الضيقة.

5- عدم وجود علاقات إرشادية.

6- التهوية السيئة.

7- الإضاءة الزائدة أو غير الكافية.

8- درجة حرارة غير مناسبة (اقل من اللازم أو أكثر من اللازم).

9- التخزين الخطر مثل الازدحام والتكدس.

10- التحميل الزائد على شبكة الكهرباء.

11- عدم توفر أدوات إطفاء الحرائق أو قلتها أو انتهاء صلاحيتها أو عدم مناسبتها لطبيعة الحرائق الممكنة.

التصرفات غير الآمنة من جانب العاملين :

وإذا كانت ظروف العمل غير الآمنة هي السبب الأول الرئيسي للحوادث، فإن التصرفات غير الآمنة من جانب العاملين هي السبب الثاني الرئيسي للحوادث. ومن أمثلة التصرفات غير الآمنة من جانب العاملين نذكر :

1- عدم الانتباه.

2- شرود الذهن.

3-   قلة المهارة لدى العاملين.

4-   ضعف الوعي لدى العاملين بإجراءات الأمن والسلامة.

5-   عدم إتباع العاملين لإجراءات الأمن والسلامة.

6-   عدم استعمال واستخدام الملابس والأدوات التي تقي من الحوادث.

7-   عدم القيام بالصيانة الدورية الوقائية.

8-   اللامبالاة.

9-   سوء استخدام أدوات العمل.

10- إلقاء الأدوات والمواد في الطرقات.

11- التشاجر.

12- الإضراب.

13- إدمان بعض العاملين للكحوليات أو للمخدرات.

تحقيق الأمن والسلامة في بيئة العمل :

للوقاية من حوادث العمل وتحقيق الأمن والسلامة في بيئة العمل يمكن اقتراح القيام بالآتي :

1-   الحد من ظروف العمل غير الآمنة من خلال تجنب العوامل السابق الإشارة إليها.

2-   خفض الأعمال غير الآمنة من جانب العاملين من خلال عدة أساليب أهمها: التوعية والإرشاد والتدريب والتحفيز بل والعقاب لمن لا يتبع قواعد وإرشادات الأمن والسلامة.

وفيما يلي قائمة تساعد أي منظمة في عملية الفحص الذاتي للأمان والصحة الوظيفية عرضها جاري ديسلر Gary Dessler في كتابه عن «إدارة الموارد البشرية» - ترجمة محمد سيد أحمد عبد المتعال - والمنشور عام 2003:

ملحق
قائمة الفحص الذاتي للأمان والصحة الوظيفية

بحاجة إلى اتخاذ إجراء	نعم	الأمـن والسلامة العامة
☐	☐	1- هل جميع ملصقات الأمان واضحة ويراها جميع العاملين بالمنظمة؟
☐	☐	2- هل لديك علم بضرورة التقرير عن أية حوادث خطيرة أو حـالات قتـل داخل العمل؟
☐	☐	3- هل تحتفظ المنظمة بسجلات لحالات المرض والإصابة وفقا لمـا تتطلبـه المعايير؟
☐	☐	4- هل أنت على علم بضرورة إرسال نسخة من سجلات المرض والحـوادث إلى الإدارات المعنية؟
☐	☐	5- هل لديك علم بأن صاحب العمل الذي لديه أقـل مـن 10 عـمال عليـه إمساك دفاتر بذلك؟
☐	☐	6- هل اتخذت إجراءا فعليا نحو الحفـاظ عـلى صحة وسلامة العـاملين، بحيث تسمح للأفراد بالمشاركة في أنشطة الأمان والصحة الوظيفية؟
☐	☐	7- هل لديك لجنة أو جماعة للحفاظ على صحة وسلامة العـاملين، بحيـث تسمح للأفراد بالمشاركة في أنشطة الأمان والصحة الوظيفية ؟
☐	☐	8- هل تلتـزم لجنـة الأمـان بـالنواحي القانونيـة عند تسجيلها للحوادث والإصابات؟
☐	☐	9- هـل عقـدت بعـض البـرامج التدريبيـة التـي تهـدف إلى تنميـة معـارف الموظفين حول التعامل مع قضايا الأمن والصحة الوظيفية ؟

بحاجة إلى اتخاذ إجراء	نعم	الأمــن والسلامة العامة
☐	☐	10- هل يحتاج الفرد لأنشطة الأمان والصحة الوظيفية؟
☐	☐	11- هل يعلم جميع العاملين ما يجب فعله خلال فترة الطوارئ؟
☐	☐	12- هل أعلنت أرقام تليفونات الطوارئ؟
☐	☐	13- هل اتخذت إجراء ما بصدد التعامل مـع شكاوى العاملين بخصوص قضايا الأمن والصحة الوظيفية؟

بحاجة إلى اتخاذ إجراء	نعم	الأمــن والسلامة داخل مكان العمل
☐	☐	1- هل جميع الكهربائيين لديك على علم بمتطلبات الكود الكهربائي للدولة ؟
☐	☐	2- هل تتوافق أعمالك الكهربائية مع متطلبات الكود الكهربائي للدولة ؟
☐	☐	3- في حالة وجود تركيبـات كهربائيـة في مناطق بهـا بخـار أو زيادة نسبة الغبار الخطر، فهل هذا يتفق مـع متطلبـات الكـود الكهربائي الـوطني للأماكن الخطرة؟
☐	☐	4- هل جميع الوصلات الكهربائية قويـة بحيـث لا تتـدلى عـلى مسامير أو خطاطيف ؟
☐	☐	5- هل جميع التوصيلات الكهربائية محكمة ومثبتة بإحكام بمصدر التيار؟
☐	☐	6- هل لا يوجد دليل على إمكانية حدوث تقاطع بين الأسلاك الكهربائية؟

بحاجة إلى اتخاذ إجراء	نعم	الأمـــن والسلامة داخل مكان العمل
❏	❏	7- هـل جميـع الأسـلاك الكهربائيـة بعيـدة عـن الشـحم والزيـت والمـواد الكيميائية ؟
❏	❏	8- هل تم تغطية الكابل المعدني جيدا ؟
❏	❏	9- هـل يوجد عزل مزدوج للأدوات الكهربائيـة المحولـة والتوصيلات المدفونة بالأرض ؟
❏	❏	10- هل جميع التوصيلات الأرضية نظيفة ومحكمة ؟
❏	❏	11- هل تم شراء الدوائر الكهربائية والفيوزات من أفضل الأنواع؟
❏	❏	12- هل جميع الفيوزات خالية من الأجسام المعدنية المكشوفة؟
❏	❏	13- هل توضح مفاتيح التشغيل أية مؤشرات عن ارتفاع درجة الحرارة؟
❏	❏	14- هل وضعت مفاتيح التشغيل في لوحة نظيفة ومغلقة بإحكام؟
❏	❏	15- هل يوضح كل مفتاح الهدف منه ؟
❏	❏	16- هل تستخدم مواتير نظيفة وبعيدة عن مصادر الشحم والزيوت؟
❏	❏	17- هل تجرى صيانة دورية للمواتير، ويوجد بها أجزاء للحماية أثناء التشغيل ؟
❏	❏	18- هل مستوى قدرة المواتير ملائم ؟
❏	❏	19- هل تستخدم وسائل حماية أثناء استخدام وسائل الإضاءة؟
❏	❏	20- هل تحفظ المصابيح الكهربائية بعيدة عن المواد القابلة للاشتعال؟
❏	❏	21- هل تجري صيانة دورية لنظامك الكهربائي مـن قبـل أحـد المتخصصين بالمؤسسة الكهربائية الوطنية؟

حالة عملية (*)

تحسين جودة مكان العمل

يعتبر بنك مونتريال من أقدم البنوك في كندا، ولقد أصبح البنك يواجه تحديات قوية لسبب منافسة البنوك الأخرى مما دفع إدارة البنك إلى إعادة النظر في كثير من سياساتها التقليدية خاصة بالنسبة للموارد البشرية. ومن بين القضايا الرئيسية التي تشغل إدارة البنك هي الفرصة غير المتساوية بين العاملين من الرجال والنساء خاصة بالنسبة للترقية إلى المناصب العليا في البنك، فبالرغم من أن العاملين من النساء يشكلون 91% من قوة العمل الإجمالية بالبنك إلا أن نصيبهم من وظائف الإدارة لا يتعدى 9%.

ولقد قام مدير عام البنك بتشكيل فريق عمل لدراسة العوائق التي تحول دون وصول العاملات في البنك إلى المناصب الإدارية العليا، ووضع الخطط اللازمة للتغلب على تلك المعوقات. ولقد كشفت نتيجة الدراسة التي قامت بها مجموعة العمل أن من أهم المعوقات التي تحول دون وصول المرأة للمناصب الإدارية في البنك وجود بعض المعتقدات الخاطئة بخصوص الكفاءة الإدارية للمرأة. من ذلك على سبيل المثال أن المرأة ولاؤها للمنظمة أقل من ولاء الرجل، لأنها غالبا ما تترك العمل للتفرغ لتربية الأبناء. ومع ذلك فإن حقيقة الواقع تشير عكس ذلك تماما حيث تؤكد سجلات العمل بالبنك أن المرأة عموما أطول في مدة الخدمة بالبنك من الرجال.

ولقد كان من بين مقترحات اللجنة أن يضاف إلى التقارير المالية الربع سنوية

(*) المصدر: جيرالد جيرينبرج وروبرت بارون (2004).

التي ترسل إلى الإدارة العليا بالشركة تقريرا يتعلق بمدى اهتمام كل مدير بإتاحة الفرصة العادلة للمرأة لتنمية مهاراتها وصقل كفاءتها ومدى معاونتها في الترقي في المناصب الإدارية. بل أوصت اللجنة بأن تقارير الإدارة الخاصة بكل مدير يجب أن تكون شاملة لتلك النواحي.

كذلك أوصلت اللجنة بضرورة عمل لقاء دوري بين عينة من الموظفين من مختلف المستويات وإدارة البنك بالتسوية في المعاملة بين الرجال والنساء وإزالة المعوقات أمام النساء للوصول إلى المناصب الإدارية العليا إلى حصول البنك على العديد من الجوائز المحلية والدولية. كما مكنته أيضا من الاستثمار الفعّال في القوى البشرية الموجودة لديه، والتي انعكست في الخدمة الطيبة لجمهور المتعاملين. وبالتالي زيادة أرباح البنك وتنمية قدرته على الصمود أمام المنافسة.

أسئلة:

1- ما الأسباب الرئيسية للمشكلة التي كان يواجهها البنك؟

2- كيف يمكن جعل سياسة العدالة في المعاملة تؤتي ثمارها في المستقبل أيضا؟

3- ما المعوقات التي يمكن أن يواجهها البنك مستقبلا في تطبيق تلك السياسة؟

4- ما الوسائل الأخرى التي يستطيع البنك أن يحقق بها التسوية في المعاملة في مكان العمل؟

الفصل السابع عشر
استقصاءات في مجال التحفيز الوظيفي

أشتمل هذا الفصل على:

📖 استقصاء: هل أنت ناجح في عملك؟

📖 استقصاء: هل أنت مدير متميز؟

📖 استقصاء: كيف تحفز موظفيك؟

📖 استقصاء: هل أنت محفز جيد؟

الفصل السابع عشر

استقصاءات في مجال التحفيز الوظيفي

استقصاء: هل أنت ناجح في عملك؟

النجاح Success شيء مهم وضروري في حياة كل إنسان. من منا لا يتمنى تحقيق النجاح؟ النجاح يحقق الشعور بالإنجاز والفرح، ويدفعك إلى مزيد من العمل والجهد.

تحقيق النجاح قد يكون سهلا أما الحفاظ عليه فهو أمر صعب. النجاح هو النتيجة الطبيعية للعرق والجهد والإرادة.

حتى تحقق النجاح في حياتك يجب أن تراعي عدة اعتبارات، نذكر منها على سبيل المثال:

1- أن تكون لديك إرادة قوية.

2- أن تحدد أهدافك بوضوح.

3- أن يكون شعارك في الحياة التخطيط والتنظيم لكل شيء.

4- أن تبذل الجهد والوقت قدر استطاعتك لتحقيق أهدافك.

5- الإخلاص في كل شيء.

6- لا تؤجل عمل اليوم إلى الغد.

7- احترام رؤسائك.

8- تعاون مع زملائك.

9- قدم الحب للمنشأة التي تعمل بها.

10- ابحث عن التعلم والتعليم واحصل على التدريب المناسب بما يزيد من كفاءة وفعالية عملك في المنشأة.

11- لا تخف من المسئوليات الكبيرة وقل لنفسك «أنت أهل لها».

12- قسم أهدافك الكبيرة إلى أهداف صغيرة يمكن تحقيقها بدقة.

13- توكل على الـلـه. ويقول الـلـه سبحانه وتعالى: (ومن يتوكل على الـلـه فهو حسبه إن الـلـه بلغ امره قد جعل الـلـه لكل شي قدرا)(الطلاق: 3).

الاستقصاء:

1- هل تفعل شيئا واحدا (مهمة واحدة) في الوقت الواحد؟

نعـم ☐ أحيانا ☐ لا ☐

2- هل تقيم ما تفعله كل يوم في عملك؟

نعـم ☐ أحيانا ☐ لا ☐

3- هل تحاول أن تبتكر أساليب أو أشكالا أو طرقا جديدة في عملك؟

نعـم ☐ أحيانا ☐ لا ☐

4- هل تحترم رؤساءك في أغلب الأحوال؟

نعـم ☐ أحيانا ☐ لا ☐

5- هل تتعاون مع زملائك عندما يتطلب الأمر ذلك؟

نعـم ☐ أحيانا ☐ لا ☐

6- هل يستشيرك زملاؤك في بعض أمور العمل؟

نعـم ☐   أحيانا ☐   لا ☐

7- هل معدل غيابك عن العمل قليل جدا؟

نعـم ☐   أحيانا ☐   لا ☐

8- هل تأتي مبكرا إلى عملك في معظم الأحيان؟

نعـم ☐   أحيانا ☐   لا ☐

9- هل يلجأ لك رئيسك عند حدوث مشكلات في العمل؟

نعـم ☐   أحيانا ☐   لا ☐

10- هل تسعى لأن يرشحك رئيسك لدورة تدريبية سوف ترفع من كفاءتك في العمل؟

نعـم ☐   أحيانا ☐   لا ☐

11- هل تتمنى أن تحصل على موقع رئاسي في مكان عملك؟

نعـم ☐   أحيانا ☐   لا ☐

12- هل تعرف القوانين واللوائح المنظمة لعملك وتحتفظ بنسخة منها؟

نعـم ☐   أحيانا ☐   لا ☐

13- هل قدمت أفكارا جديدة ساهمت في تحسين العمل في الإدارة أو المؤسسة التي تعمل بها؟

نعـم ☐   أحيانا ☐   لا ☐

14- هل تعرف العلاقة بين عملك الذي تقوم به وكيف يساهم في تحقيق أهداف مؤسستك؟

نعـم ☐   أحيانا ☐   لا ☐

15- هل تشعر بالسعادة في عملك؟

نعـم ❑   أحيانا ❑   لا ❑

16- هل تقرأ الصحف والمجلات أثناء وقت العمل؟

نعـم ❑   أحيانا ❑   لا ❑

17- هل تقوم بإجراء مكالمات تليفونية شخصية أثناء وقت العمل؟

نعـم ❑   أحيانا ❑   لا ❑

18- هل تدير وقت العمل بشكل جيد؟

نعـم ❑   أحيانا ❑   لا ❑

19- هل ترى نفسك مخلصا في عملك؟

نعـم ❑   أحيانا ❑   لا ❑

20- هل شعارك التخطيط والتنظيم لكل شيء؟

نعـم ❑   أحيانا ❑   لا ❑

التعليمات:

1- أعط لنفسك درجتان في حالة الإجابة بـ «نعم»، ودرجة واحدة في حالة الإجابة بـ «أحيانا»، وصفرا في حالة الإجابة بـ «لا» عن جميع الأسئلة ما عدا السؤالين 16 و 17 فتعطي لنفسك درجتين في حالة الإجابة بـ «لا»، ودرجة واحدة بـ «أحيانا»، وصفرا في حالة الإجابة بـ «نعم».

2- اجمع جميع درجاتك عن جميع الأسئلة.

تفسير النتائج:

أ - إذا حصلت على 28 درجة فأكثر، فأنت ناجح في عملك، استمر على ذلك فأنت تعرف وصفة النجاح. أنتبه إلى بعض المضايقات من زملائك حتى لا تعوق مسيرتك.

ب- إذا حصلت على 14 - 27 درجة، فأنت ناجح في عملك بدرجة متوسطة. لديك بعض مقومات النجاح. حاول أن تستكمل الباقي، ويمكنك الرجوع إلى الاستقصاء مرة أخرى للتعرف عليها.

ج- إذا حصلت على 13 درجة فأقل، فأنت غير ناجح في عملك، العمل لديك توقيع بالحضور والانصراف والتواجد بالجسم لا بالعقل والقلب لابد أن تغير من أسلوبك في العمل. ننصحك أن تحب عملك وأن تخلص له فهو يمثل جزء من حياتك ومورد رزقك.

عليك أن تتعلم وتسأل وتحاول وسوف تنجح، النجاح ليس مقتصرا على أناس دون أناس آخرين.

أطلب من رئيسك أن يساعدك وابدأ هذا التغيير من الآن، ولتكن أول خطوة الاشتراك في برنامج أو دورة تدريبية ترفع من مستوى أدائك.

استقصاء: هل أنت مدير متميز؟

1- هل لديك الرغبة في التفوق والتميز؟

نعــم ❑   أحيانا ❑   لا ❑

2- هل لديك القدرة على اتخاذ القرارات بشكل رشيد؟

نعــم ❑   أحيانا ❑   لا ❑

3- هل تمارس مهارة التخطيط السليم لجميع الأمور والمهام؟

نعــم ❑   أحيانا ❑   لا ❑

4- هل توزع الأعمال على العاملين بشكل يتناسب مع تخصصاتهم وقدراتهم؟

نعــم ❑   أحيانا ❑   لا ❑

5- هل ترفع الروح المعنوية للعاملين معك؟

نعــم ❑   أحيانا ❑   لا ❑

6- هل تثق في نفسك؟

نعــم ❑   أحيانا ❑   لا ❑

7- هل تثق في العاملين معك؟

نعــم ❑   أحيانا ❑   لا ❑

8- هل تراعي العدالة بين جميع العاملين؟

نعــم ❑   أحيانا ❑   لا ❑

9- هل تحسن الإنصات للعاملين معك؟

نعــم ❑   أحيانا ❑   لا ❑

10- هل تشرك العاملين معك في تحديد الأهداف ووضع الخطط؟

نعم ❑   أحيانا ❑   لا ❑

11- هل تتمتع بقوة الإرادة؟

نعم ❑   أحيانا ❑   لا ❑

12- هل أنت شخص طموح؟

نعم ❑   أحيانا ❑   لا ❑

13- هل تحاول إضفاء روح المرح والابتسامة في بيئة العمل؟

نعم ❑   أحيانا ❑   لا ❑

14- هل تهتم بتقويم أعمال القسم أو الإدارة التي تديرها؟

نعم ❑   أحيانا ❑   لا ❑

15- هل تطبق أسلوب الإدارة بالأهداف؟

نعم ❑   أحيانا ❑   لا ❑

16- هل تطبق أسلوب الإدارة على المكشوف والتي أساسها المكاشفة والمصارحة والمشاركة؟

نعم ❑   أحيانا ❑   لا ❑

17- هل أنت عصبي المزاج؟

نعم ❑   أحيانا ❑   لا ❑

التعليمات:

1- أعط لنفسك درجتان في حالة الإجابة بـ «نعم»، ودرجة واحدة في حالة الإجابة بـ «أحيانا» عن الأسئلة من 1 إلى 16 .

2- أعط لنفسك درجتان في حالة الإجابة بـ «لا»، ودرجة واحدة في حالة الإجابة بـ «أحيانا» عن السؤال رقم 17.

3- اجمع جميع درجاتك عن جميع الأسئلة.

تفسير النتائج:

أ - إذا حصلت على 24 درجة فأكثر، فأنت مدير متميز ستحقق النجاح تلو النجاح لنفسك ولجماعة العمل معك وللمؤسسة التي تعمل بها.

ب- إذا حصلت على 12 - 23 درجة، فأنت مدير فقط، لم تصل إلى درجة الكفاءة والفاعلية المطلوبين حتى تحقق النجاح المطلوب منك، وحتى تساهم بشكل كبير في تحقيق أهداف العاملين معك وأهداف المؤسسة التي تنتمي إليها.

ج- إذا حصلت على 11 درجة فأقل، فأنت تعاني كثير من المشكلات في إدارتك وغالبا لا تحقق أي نجاح في عملك، ننصحك إما أن تترك هذا المنصب وهذا قرار صعب جدا جدا عليك، أو أن تطور من نفسك إداريا واجتماعيا بشكل سريع وشامل.

استقصاء: كيف تحفز موظفيك ؟

إذا أردت أن تعرف كيف تحفز موظفيك ودرجة هذا التحفيز، فأجب عن هذه الأسئلة:

1- هل تقدم الشكر لأحد موظفيك أمام الجميع علما قام به من مجهود متميز ؟

نعم ☐   أحيانا ☐   لا ☐

2- هل تحاول أن توجد الشغف والتلهف لدى العاملين تجاه العمل الذي يقومون به؟

نعم ☐   أحيانا ☐   لا ☐

3- هل تحاول أن تكسب العاملين الثقة في أنفسهم وفي قدراتهم على إنجاز العمل بالشكل المطلوب والمتوقع ؟

نعم ☐   أحيانا ☐   لا ☐

4- هل تحاول دراسة أسباب التذمر أو الشكوى في العمل، وتعمل على علاجها ؟

نعم ☐   أحيانا ☐   لا ☐

5- هل ترسل خطابات شكر وتقدير للعاملين في حال إنجازهم العمل بشكل أفضل؟

نعم ☐   أحيانا ☐   لا ☐

6- هل تشجع العاملين لديك على إبداء المقترحات وطرح الأفكار الجديدة؟

نعم ☐   أحيانا ☐   لا ☐

7- هل تشجع العمل بروح الجماعة أو الفريق الواحد بين العاملين ؟

نعم ☐   أحيانا ☐   لا ☐

8- هل تطالب بمكافآت مالية للعاملين الذين يستحقون ذلك ؟

نعم ❑   أحيانا ❑   لا ❑

9- هل تشرك العاملين في اتخاذ القرارات ؟

نعم ❑   أحيانا ❑   لا ❑

10- هل تشعر العاملين بأهميتهم بالنسبة للمؤسسة التي يعملون بها؟

نعم ❑   أحيانا ❑   لا ❑

11- هل تذكر كلمة «نحن» أكثر من كلمة «أنا» المدير المسئول هنا؟

نعم ❑   أحيانا ❑   لا ❑

12- هل تشجع العاملين على تحمل المسئولية؟

نعم ❑   أحيانا ❑   لا ❑

13- أحاول استخدام أسلوب الإقناع والتأثير في العاملين أكثر من استخدام القوة كوسيلة لفرض ما أريد أن يفعلوه:

نعم ❑   أحيانا ❑   لا ❑

14- أحاول التأكد من أن العمل ممتع للعاملين :

نعم ❑   أحيانا ❑   لا ❑

15- أطبق نظرية Y لمبادئ الإدارة أكثر من نظرية X :

نعم ❑   أحيانا ❑   لا ❑

16- أشجع إبداعات العاملين بشكل يدفعهم إلى الاستمرار في ذلك :

نعم ❑   أحيانا ❑   لا ❑

التعليمات :

1- أعط لنفسك درجتان في حالة الإجابة بـ «نعم»، ودرجة واحدة في حالة الإجابة بـ «أحيانا»، وصفر في حالة الإجابة بـ «لا».

2- اجمع جميع درجاتك عن جميع الأسئلة.

تفسير النتائج :

أ - إذا حصلت على 22 درجة فأكثر، فأنت تحفز موظفيك بأساليب عديدة، ودرجة تحفيزك لهم تعتبر عالية. أنت لديك المهارة في تحريك ودفع موظفيك لأداء العمل المطلوب منهم بشكل أفضل مع شعورهم بالسرور والمتعة في تحقيق ذلك.

ب- أما إذا حصلت على 21 إلى 11 درجة فأنت تحفز موظفيك بأساليب محدودة تناسب البعض منهم ولا تناسب البعض الآخر، مهارتك في تحفيزهم تعتبر متوسطة. حاول أن ترصد أساليب تحفز الموظفين التي أجبت عنها في الاستقصاء بـ «لا» وتطبقها مع الموظفين.

ج- وفي حالة حصولك على 10 درجات فأقل فأنت غير قادر على تحفيز موظفيك، مهارتك في تحفيزهم تعتبر منخفضة بشكل واضح. يرجى قراءة بعض الكتب التي تتكلم عن الحوافز وأهميتها وأنواعها. حاول أن تطبق بعض أساليب التحفيز المذكورة في الاستقصاء، وسوف تجد أن العمل لدى الموظفين في قسمك سيصبح لديهم ممتلئ بالحماس والدافعية والإقدام وإنجاز الأعمال.

استقصاء: هل أنت محفز جيد ؟

تقدم سلسلة الإدارة المثلى في كتاب بعنوان «الحفز لأداء أمثل» المنشور عام 2001 استقصاء يمكن أن يساعدك في الإجابة عن السؤال التالي: هل أنت محفز جيد أم لا ؟

اختبر قدرتك بوصفك مديرا محفزا لموظفيك بالإجابة عن الأسئلة الآتية، وضع علامة (✓) على الاختيارات الأقرب لخبرتك. وكن أمينا بقدر الإمكان. فإذا كانت إجابتك (لا) فضع علامة على اختيار (1). وإذا كانت (دائما) فضع علامة على اختيار (4). وهكذا اجمع الدرجات، وارجع إلى التحليل حتى ترى نتيجة إجابتك، واستخدم إجاباتك لتحديد مناطق الضعف التي تحتاج إلى تحسين في أسلوب إدارتك.

الاختيارات:

1 = لا

2 = أحيانا

3 = غالبا

4 = دائما

1- أنا أحاول استخدام أسلوب الإقناع والتأثير في الموظفين أكثر من استخدام القوة وسيلة لفرض ما أريد أن يفعلوه .

① ② ③ ④

2- أنا أحاول التأكد من أن العمل ممتع لموظفي شركتي .

① ② ③ ④

3- أنا أقابل شخصيا الأفراد الراغبين في ترك العمل لأعرف أسباب تركهم العمل.

① ② ③ ④

4- أنا استخدم معرفتي بوسيلة الاتصال غير الشفهي للتأثير في المناقشات.

① ② ③ ④

5- أنا أعطى موظفي معلومات كاملة وصريحة متى كان ذلك ممكنا.

① ② ③ ④

6- إذا استفسرت عن سلوك موظفي، فإنني أتصرف تبعا لما وجدته.

① ② ③ ④

7- أنا أطبق نظرية Y لمبادئ الإدارة أكثر من نظرية X .

① ② ③ ④

8- أنا أتجنب المراكز السياسية ولا أشجع الآخرين على السياسة.

① ② ③ ④

9- أنا أشرك الأفراد في الموضوعات ما كانت هناك فرصة لذلك.

① ② ③ ④

10- أنا أبرز أعمالي وقراراتي وأفسر حدوث أي عدم توافق بيني وبين الآخرين.

① ② ③ ④

11- أنا أسعى للاتفاق، وأشجع الآخرين على الاتحاد.

① ② ③ ④

12- أنا أتأثر بالفشل، فأحلل وأصحح لكن لا ألوم.

① ② ③ ④

13- أنا أسعى لتحقيق التوازن بين السيطرة الصارمة وإعطاء الأفراد استقلاليتهم.

① ② ③ ④

14- أنا أقوم بمجهودات واعية لتحسين مهاراتي الحفزية.

① ② ③ ④

15- أنا أغير وضع العلامات السهمية للاحتفاظ بالأهداف في ارتفاعات مثيرة للحفز.

① ② ③ ④

16- أنا أراجع النظام حتى يمكنني إزالة عوائق العمل.

① ② ③ ④

17- أنا أهتم بأكثر من النتائج المادية عند تقييم أداء عمل الموظفين.

① ② ③ ④

18- أنا أشجع الأفراد على التحدث بصراحة عن المبالغ التي يتقاضونها هم والآخرون.

① ② ③ ④

19- في المقابلات الخاصة بالتقدير أنا أطلب وأحصل على تقديرات لنفسي.

① ② ③ ④

20- أنا أحصل على مساندة واضحة وكاملة من الأفراد الذين انتقدت سلوكهم سابقا.

① ② ③ ④

21- أنا أنظم العمل حتى يحصل كل فرد على مهمة محددة ويكملها.

① ② ③ ④

22- أنا أعتبر التعيينات والترقيات وسائل لتنمية الأفراد.

① ② ③ ④

23- أنا أشجع الأفراد على العمل بإبداعاتهم.

① ② ③ ④

24- أنا أفوض العمل ـ الذي من غير الضروري أن أقوم به بنفسي ـ إلى الآخرين.

① ② ③ ④

25- أنا أتخذ قرارات الأفراد الصعبة بدون أي تردد إذا كانت هناك حاجة لاتخاذها.

① ② ③ ④

26- أنا أعمل على تجنب النزاعات والخلافات في العمل. أو أسعى إلى تسويتها.

① ② ③ ④

27- أنا أقوم بالتغييرات فقط بعد تشاوري الكامل مع الأفراد المتأثرين بهذه التغيرات.

① ② ③ ④

28- أنا أشكل الأفراد لعملهم الجيد، سواء وجها لوجه، أو عن طريق الملحوظة المكتوبة.

① ② ③ ④

29- أنا أكسر القوانين، ولا أعمل تبعا للقواعد.

① ② ③ ④

30- أنا أتوقع وأصدر قرارا بنقل الأفراد الذي لا يستغلون إمكاناتهم الكاملة في العمل.

① ② ③ ④

31- أنا أسعى للحصول على الفرص لتحقيق تغيير جذري وانتهاز تلك الفرص كلما أمكن.

① ② ③ ④

32- أنا أكافئ الموظفين وأرقيهم تبعا لجدارتهم فقط.

① ② ③ ④

التحليل:

الآن وقد أكملت الاختبار، اجمع نتيجتك النهائية، وتأكد من أدائك بقراءة التقدير المقابل، وتعرَّف أضعف المناطق في عملك، وارجع إلى الأقسام المناسبة في هذا الكتاب لتطوير مهاراتك أو شحذها.

- (32) درجة فأقل من المحتمل أن تكون مديرا محيطا أكثر منك متحفزا للأفراد، ويجب عليك ملاحظة أن بعض الأعمال قد تكون أفضل من أعمال أخرى. لذلك تدرب على تلك الأعمال دائما وستكون النتيجة واضحة.
- (65 - 95) درجة أنت تتعلم الكثير من عوامل الحفز الصحيحة وتمارسها، لكن يمكنك أن تقلل من فرصك الضائعة بالانتباه الدائم لعنصر الحفز.
- (96 - 128) درجة إذا كنت أمينا في إجاباتك للاختيار، فأنت تعتبر بمثابة معجزة في حفز الأفراد، وحافظ على هذا المستوى.

الفصل الثامن عشر
Motivation & Incentives

أشتمل هذا الفصل على:

- 📖 **Motivation.**
- 📖 **Motivating Employees.**
- 📖 **Motivation & Incentives.**
- 📖 **Theory X and Theory Y.**
- 📖 **Ranking What Employees Want.**
- 📖 **Major Causes of Performance.**
- 📖 **Career Problems Development.**
- 📖 **Coaching.**
- 📖 **Counseling.**

Motivation & Incentives

Motivation: *

Often the employee knows how to perform the desired behavior correctly, the process is good, and all resources are available, but for one reason or another, chooses not to do so. It now becomes a motivational issue. Motivation is the combination of a person's desire and energy directed at achieving a goal. It is the cause of action. Motivation can be intrinsic - satisfaction, feelings of achievement; or extrinsic - rewards, punishment, or goal obtainment. Not all people are motivated by the same thing, and over time their motivation changes.

Although many jobs have problems that are inherent to the position, it is the problems that are inherent to the person that cause us to loose focus from our main task of getting results. These motivational problems could arrive

---

(٭)   Source: Internet.

from family pressures, personality conflicts, a lack of understanding how the behavior affects other people or process, etc.

When something breaks the psychological contract between the employee and the organization, the leader must find out what the exact problem is by looking beyond the symptoms, find a solution, focus on the problem, and implement a plan of action. One of the worst situations that a leader can get into is to get all the facts wrong.

Start by collecting and documenting what the employee is not doing or should be doing - tasks, special projects, reports, etc. Try to observe the employee performing the task. Also, do not make it a witch hunt, observe and record what the employee is not doing to standards. Check past performance appraisals, previous managers, or other leaders the employee might have worked with. Try to find out if it a pattern or something new.

Once you know the problem, then work with the employee to solve it. Most employees want to do a good job. It is in your best interest to work with the employee as long as the business needs are met and it is within the bonds of the organization to do so.

Motivating Employees:

According to a recent study by Career Systems International, the factors that satisfy employees include:

1- Career growth, learning and development.

2- Exciting work and challenge.

3- Meaningful work, making a difference and a contribution.

4- Great people.

5- Being part of a team.

6- Good boss.

7- Recognition for work well done.

8- Fun on the job.

9- Autonomy, sense of control over my work.

10- Flexibility-for example, in work hours and dress code.

Motivation v Incentive: *

Introduction:

The dictionary definitions of Motive and Incentive are almost interchangeable (move to action and incite to action). That being so, why is it that we so commonly see the words used in a way that attributes distinct meanings? I believe that this is because we tend to think of Motivation as an internal cause to do something, and Incentive as an external one. Failure to understand this distinction will lead to inappropriate corporate treatment of staff.

Another way in which the two differ is the length of their effect, with motivation having a substantial lifetime and incentives having only a short-term benefit.

_____

(*)   Source: Mike Shea (2005).

Motivation:

Abraham Maslow deduced that man had a hierarchy of needs, and that as one level of the hierarchy was partially or fully satisfied, the next level started to come into play. The needs were seen to be:

- Physiological - need for life-giving food and water.
- Safety - need for shelter and protection.
- Love - need for companionship, inclusion in the group.
- Esteem - need to feel good about themselves.
- Self-actualization or self-fulfillment need to be the most that the person is capable of being.

If you check out your own experiences, I think you'll agree that Maslow was essentially correct. Wage slaves are those people who are stuck at the first two levels, but anyone deriving satisfaction from being an accepted member of a work group and enjoying doing the job well will be operating in the third and fourth levels most of the time.

Frederick Herzberg developed two theories, Hygiene Theory and Motivation. Hygiene Factors are those which are beyond the control of the individual, in the same way that a sterile surface cannot be made more sterile. They include:

- The company.
- Its policies and administration.

- The nature of on-the-job supervision.

- Working conditions.

- Salary.

- Status.

- Job security.

These factors produce movement, not motivation. His Motivation Theory comprises motivators such as:

- Achievement.

- Recognition.

- Growth / advancement.

- Interest in the job.

- Responsibility.

These factors result from the employee's internal generators, and produce motivation rather than movement.. Whilst a Hygiene Factor may not be a motivator when it is present, it can become a demotivator if unsatisfactory - wages being an obvious example. This scotches a commonly-held belief that money motivates people; actually, money incentivises people, that is it achieves short-term movement (they'll be back for another wage rise next year when the effect of the last one has worn off).

Douglas McGregor put forward his Theory X and Theory Y understanding of human nature. Theory X is that the average human being has an inherent dislike of work. In that case, they need to be controlled, threatened, have no responsibility and above all are only interested in security. Theory Y, on the other hand, holds that physical and mental work is as natural as play or rest, control and punishment are not the only ways to get people to work, people seek responsibility, and so on (otherwise why would people take on allotments or volunteer for committees?).

Many companies have in the past (and still in the present) treated their employees as Theory X people, thereby eliminating in large measure any chance of motivation. Some enlightened companies have adopted the Theory Y view and as a result have staff who are in the main loyal and motivated.

Hopefully you can see the common ground and common sense in all of these theories - and take my word for it, there are many more that I haven't mentioned. You might also by now have spotted elements of those theories that are really about Incentives.

Incentives:

There are two sorts - threats and rewards (or bribes?). Threats are used in order to get something started and seen through to the end - 'If you don't do this, we'll sack you' says the company, (bang goes Maslow's second level of needs says the employee). But the short-term effect is to get the job done, even if quality might suffer as a consequence. If the threat is removed, people start to relax and productivity reduces because of McGregor's

Theory X style of management. Rewards are promised for when the task has been completed. If you achieve this quality standard, sell this much or pass this examination, we'll give you a wage rise / bonus / holiday abroad or promotion. The effect of this sort of incentive is to concentrate the minds of employees long enough to achieve the desired results. There are two dangers inherent in reward incentives:

- Staff may come to see it as a standard feature of their package and become demotivated if it is withdrawn .

- Encouraging an   increase   in performance (especially volume of sales in sales forces) by offering a reward when a target threshold of performance has been reached. Those who would have achieved the threshold anyway get a reward for doing what they always do. The only people who are spurred on to make an extra effort are those who would normally almost achieve the target level - say within 10% of the target level.

The lesson here is that reward incentives should be based on individual performance with performance thresholds set at a higher level than the person's normal productivity. This raises another issue, rewards for groups.

Some bonus schemes and other incentives are partially or wholly dependent on the performance of the group or company as a whole, which in same cases means that deserving individuals are penalised by a failure in an area beyond their control. There may be circumstances in which group or team incentives are appropriate, but like all incentive schemes they need to be carefully thought through.

In Summary:

- Motivation should not be confused with Incentives.

- Motivation is something that goes on within an employee, incentives are threats or rewards that are externally imposed on the employee by the employer.

- Motivation is inculcated in people by giving them recognition for their achievements, valuing them as group or team members, trusting them with responsibility.

- Motivation provides long-term enthusiasm for the job and the company.

- Incentives achieve short-term movement, their effect quickly fades away .

- The first two levels of Maslow's Hierarchy of needs, McGregor's Theory X and Herzberg's Hygiene Factors are really all about Incentives, not Motivation.

Theory X and Theory Y of Douglas McGregor: *

The importance of managing people through more effective methods of human relations was advanced by the writings of social psychologist Douglas McGregor. His famous position was that managers should challenge their assumptions ,about the nature of people. McGregor believed that too many managers assumed that people ,were lazy and indifferent toward work. He urged managers to be open to the possibility that under the right circumstances people are eager to perform well, If a supervisor accepts one of these extreme' Sets of beliefs about people, the supervisor will act differently toward them than if he or she believes the opposite. These famous assumptions that propelled the human relations movement forward are summarized as follows:

Theory X:

Douglas McGregor's famous statement of the traditional management view that considers people as usually lazy and prodded by external rewards. A rigid and task-oriented approach to management.

Theory X assumptions:

1- The average person dislikes work and therefore will avoid It if he or she can.

(∗)   Source: Douglas McGregor's (1960).

2- Because of this dislike of work, most people must be coerces, controlled, directed, or threatened with punishment to get them to put forth enough effort to achieve organizational goals.

3- The average employee prefers to be directed, wishes to skirk responsibility, has relatively little ambition, and highly values job security.

Theory Y:

Douglas McGregor's famous statement of an alternative to traditional management thinking. It emphasizes that people seek to fulfill higher - level needs on the job, and that management must be flexible and human relations onented.

Theory Y assumptions:

1- The expenditure of physical and mental effort in work is an natural as play or rest.

2- External control and the threat of punishment are not the only means for bringing about effort toward reaching company objectives. Employees will exercise self-direction and self-control in the service of objectives to which they a high valence.

3- Commitment to objectives is related to the rewards associated with their achievement.

4- The average persons learns, under proper conditions, not only to accept but to seek responsibility.

5- Many employees have the Capacity to exercise a high degree of imagination, ingenuity, and creativity in the solution of organizational problems.

6- Under the present conditions of industrial life, the intellectual potentialities of the average person are only partially utilized.

Ranking What Employees Want:*

In the first column, rank the items using a 1 to 10 scale (1 being most important and 10 being least important) based on what you think is most important to employees.

Item	My Ranking	Actual Ranking
Good working conditions		
Feeling "in" on things		
Tactful discipline		
Full appreciation for work done		
Personal loyalty to workers		
Good wages		
Promotion and growth within Equant		
Sympathetic understanding of personal problems		
Job security		
Interesting work		

(*) Source: Kenneth A. Kovach (1996).

Major Causes of Performance Problems:

There are four major causes of performance problems:

- **Knowledge or Skills** - The employee does not know how to perform the process correctly - lack of skills, knowledge, or abilities.

- **Process** - The problem is not employee related, but is caused by working conditions, bad processes, etc, etc.

- **Resources** - Lack of resources or technology .

- **Motivation or Culture** - The employee knows how to perform, but does so incorrectly.

The Performance Analysis Quadrant (PAQ) is a tool to help in the identification. By asking two questions, "Does the employee have adequate job knowledge?" and "does the employee have the proper attitude (desire) to perform the job?" and assigning a numerical rating between 1 and 10 for each answer, will place the employee in 1 of 4 the performance quadrants:

10 High	**A** Motivation	**B** Resource / Environment
Does the Employee have adequate job knowledge?		
1 Low	**C** Selection	**D** Training
	1 Low	10 High

Does the employee have the proper
attitude (desire) to perform the job?

1- Quadrant A (Motivation): If the employee has sufficient job knowledge but has an improper attitude, this may be classed as motivational problem. The consequences (rewards) of the person's behavior will have to be adjusted. This is not always bad the employee just might not realize the consequence of his or her actions.

2- Quadrant B (Resource / Process / Environment): If the employee has both job knowledge and a favorable attitude, but performance is unsatisfactory, then the problem may be out of control of the employee. i.e. lack of resources or time, task needs process improvement, the work station is not ergonomically designed, etc.

3- Quadrant C (Selection): If the employee lacks both job knowledge and a favorable attitude, that person may be improperly placed in the position. This may imply a problem with employee selection or promotion, and suggest that a transfer or discharge be considered.

4- Quadrant D (Training): If the employee desires to perform, but lacks the requisite job knowledge or skills, then additional training may be the answer.

Career Development

Talk to the employee about their career goals and how they can move toward them.

- **Job Enrichment:** Restructuring a job to provide new challenges, and responsibilities

- **Lateral Movement:** Moving across or horizontally

- **Realignment:** Moving downward to open new opportunities

- **Exploration:** Temporary moves intended for researching other options

- **Relocation:** Moving to another organization

What development and support can you provide to help them reach these goals?

Coaching:*

Coaching has received considerable attention in recent years as the responsibility for employees learning and development has been increasingly devolved to line managers. Yet there exists little published empirical research that measures specific coaching behaviours of line managers or examines the linkages between line managers' coaching behaviours and employee performance. This course integrates the perceptions of supervisors and their respective employees to examine supervisory coaching behaviours in an industrial context and to assess its association with employee job satisfaction and performance. Findings suggest that supervisory coaching

---

(⋆)   Source: Internet.

behaviours is positively associated with employees' job satisfaction and performance. Implications for research and practice are presented.

Many people tend to use the terms coaching, mentoring, and training interchangeably. However, there are differences. Mentoring is often thought of as the transfer of wisdom from a wise and trusted teacher. He or she helps to guide a personis career, normally in the upper reaches of the organization. However, this perception is starting to change as organizations are now implementing mentoring at all levels of a company structure.

A supervisor, co-worker, peer or other outside consultant examines employee performance and provides guidance, feedback, and direction to assure a successful grasp of skills and task completion. A coach can be thought as a one-on-one trainer. Also, the main difference between a coach and a trainer, is that coaching is done in real time. That is, it is performed on the job. The coach uses real tasks and problems to help the learner increase his or her performance. While in training, examples are used within the classroom (the task or problems may be based upon real ones however).

The primary goal of the Coaching Program is to help subordinates learn more in less time with greater ease and confidence. The specific goals of the Coaching Program are:

- To help subordinates develop their self-concepts as learners.
- To help subordinates develop self-confidence and reduce their fear of failure.

- To provide help in developing study skills.

- To improve work performance.

- To assist subordinates in becoming more independent and efficient learners.

- To Help subordinates set their goals hand in hand with company aims & goals.

- To increase Motivation.

Steps to Coaching:

1- Give brief instructions (Normally less than 10 minutes).

2- Break complicated tasks into small learning steps.

3- Demonstrate.

4- Have them practice

    a- Coach them until they can do it on their own.

    b- Providing feedback.

    c- Provide support.

Training is about **teaching** a particular skill or knowledge. Coaching, on the other hand, is about increasing an individual's knowledge and thought processes with a particular task or process. It creates a supportive environment that develops critical thinking skills, ideas, and behaviors about a subject. Although it is closely tied to training, it is more personal and intimate in nature.

Also, the main difference between a coach and a trainer, is that coaching is done in real time. That is, it is performed on the job. The coach uses real tasks and problems to help the learner increase his or her performance. While in training, examples are used within the classroom (the task or problems may be based upon real ones however).

Mentoring is more career developing in nature, while training and coaching are more task or process orientated. Also, mentoring relies on the mentor's specific knowledge and wisdom, while coaching and training relies on facilitation and developmental skills. Although there are these differences, you could say that the three are synergistic and complementary, rather than mutually exclusive as most people would agree that a good coach trains and mentors, a good trainer coaches and mentors, and a good mentor trains and coaches.

A performance coach is also a:

- Leader - who sets the example and becomes a role model.
- Facilitator - is able to instruct a wide verity of material.
- Team Builder - pulls people into a unified team.
- Peace Keeper - acts as a mediator.
- Pot Stirrer - brings controversy out in the open.
- Devil's Advocate - raises issues for better understanding .
- Cheerleader - praises people for doing great.
- Counselor - provides intimate feedback.

In order to coach, it help to use a few facilitating techniques:

- Draws people out:

    - What do others think?" or "What do you think?"

    - I've heard from (name) so far...are there any other thoughts?"

    - And what else?"

    - Silence (20-30 seconds) - gives the learners a chance to think. Also, groups tend to abhor silence, if you wait long enough someone will usually speak up .

    - "(Name), you look like you have something to say ... "

- Interprets comments:

    - Words verses tune or tone (many questions are not really questions but a need for self-assurance) .

    - Intent verses wording (learners often have a hard time wording new subject matters)

    .

    - Sees beyond the learners paradigms and filters .

- Clarifies thoughts or comments

    - Use models and experiences to bring life to the subject.

    - Looks for multiple points to expound on the subject.

    - Looking for similarities and differences.

- Senses group energy

    - Sparks up the group with various energizers .

    - Takes breaks as needed.

    - Has a sense of timing .

- Handling objections

  - Try not to personalize (the learners will become defensive) .

  - Reflect on the objection for a moment to ensure you understand the objection .

  - Encourage conversation.

Counseling: *

Counseling has a powerful, long-term impact on people and the effectiveness of the organization. Counseling is talking with a person in a way that helps him or her solve a problem. It involves thinking, implementing, knowing human nature, timing, sincerity, compassion, and kindness. It involves much more that simply telling someone what to do about a problem.

Leaders must demonstrate the following qualities in order to counsel effectively.

1- **Respect for employees** - This includes the belief that individuals are responsible for their own actions and ideas. It includes an awareness of a person's individuality by recognizing their unique values, attributes, and skills. As you attempt to develop people with counseling, you must refrain from projecting your own values onto them.

(*)   Source: Internet.

2- **Self-Awareness** - This quality is an understanding of yourself as a leader. The more you are aware of your own values, needs, and biases, the less likely you will be to project your feelings onto your employees.

3- **Credibility - Believability** is achieved through both honesty and consistency between both the leader's statements and actions. Credible leaders are straightforward with their subordinates and behave in such a manner that earns the subordinates' respect and trust.

4- Empathy - or compassion entails understanding a subordinates situation. Empathetic leaders will be better able to help subordinates identify the situation and then develop a plan to improve it.

The reason for counseling is to help employees develop in order to achieve organizational goals. At times, the counseling is directed by policy, and at other times, leaders should choose to counsel to develop employees. Regardless of the nature of the counseling, leaders should demonstrate the qualities of an effective counselor (respect, self-awareness, credibility, and empathy) and employ the skills of good communication.

While the reason for counseling is to develop subordinates, leaders often categorize counseling based on the topic of the session. Major categories include performance counseling, problem counseling, and individual growth counseling (development). While these categories help leaders to organize and focus counseling sessions, they must not be viewed as separate and distinct types of counseling. For example a counseling session which mainly focuses on resolving a problem may also have a great impact on improving job performance. Another example is a counseling session that focuses on performance may also include a discussion of opportunities for growth. Regardless of the topic of the counseling session, you should follow the same basic format to prepare for and conduct counseling.

Steps for counseling

1- Identify the problem. Ensure you get to the heart of the problem. The Japanese us e a practice called the Five Whys. They ask "why" five times when confronted with a problem -- by the time the fifth why is answered, they believe they have found the ultimate cause of the problem.

2- Analyze the forces influencing the behavior. Determine which of these forces you have control over and which of the forces the worker has control over. Determine if the force has to be modified, eliminated, or enforced.

3- Plan, coordinate, and organize the session. Determine the best time to conduct the session so that you will not be interrupted or forced to end too early.

4- Conduct the session using sincerity, compassion, and kindness. This does not mean you cannot be firm or in control. Your reputation is on the line ... the problem must be solved so that your department can continue with its mission. Likewise, you must hear the person out.

5- During the session, determine what the worker believes causes the counter productive behavior and what will be required to change it. Also, determine if your initial analysis is correct.

6- Try to maintain a sense of timing of when to use directive or nondirective counseling (see below).

7- Using all the facts, make a decision and/or a plan of action to correct the problem. If more counseling is needed, make a firm time and date for the next session.

8- After the session and throughout a sufficient time period evaluate the worker's progress to ensure the problem has indeed been solved.

There are two type of counseling - directive and nondirective:

In directive counseling, the counselor identifies the problem and tells the counselee what to do about it. Nondirective counseling means the counselee identifies the problem and determines the solution with the help of the counselor. The counselor has to determine which of the two, or some appropriate combination, to give for each situation. For example, "Put that cigarette out now as this is a nonsmoking area," is a form of directive counseling. While a form of nondirective counseling would be, "So the reason you are not effective is that you were up late last night. What are you going to do to ensure that this does not effect your performance again?"

Hints for counseling sessions:

- Let the person know that the behavior is undesirable, not the person.

- Let the person know that you care about him or her as a person, but that you expect more from them.

- Do not punish employees who are unable to perform a task. Punish those who are able to perform the task but are unwilling or unmotivated to succeed.

- Counseling sessions should be conducted in private immediately after the undesirable behavior. Do not humiliate a person in front of others.

- Ensure that the employee understands exactly what behavior led to the counseling or punishment.

- Do not hold a grudge. When it is over ... it is over! Move on!

المصادر والمراجع

- أولا: المصادر.
- ثانيا: المراجع العربيـة.
- ثالثا: المراجع الأجنبية.

المصادر والمراجع

أولا: المصادر:

1- القرآن الكريم.

2- الأحاديث النبوية الشريفة.

ثانيا: المراجع العربية:

1- أحمد سيد مصطفى: **المدير وتحديات العولمة إدارة جديدة لعالم جديد** (القاهرة: دار النهضة العربية: 2000).

2- أحمد سيد مصطفى: **إدارة الموارد البشرية** (القاهرة: المؤلف، 2004).

3- أحمد سيد مصطفى: **المدير ومهاراته السلوكية** (القاهرة: المؤلف، 2005).

4- أحمد سيد مصطفى: **إدارة السلوك التنظيمي** (القاهرة: المؤلف، 2005).

5- أحمد كمال أحمد: **التخطيط الاجتماعي** (القاهرة: مكتبة الأنجلو المصرية، 1974).

6- أحمد عزت راجح: **علم النفس الصناعي** (الإسكندرية: الدار القومية، 1965).

7- أسامة فريد: **البرنامج التدريبي مهارات الاتصال الفعّال والسلوك الإنساني** (القاهرة: الأكاديمية المصرية الألمانية، 2007).

8- الشركة العربية للإعلام العربي: خلاصات، **تأثير الولاء**، شعاع، السنة 4، العدد 6، القاهرة: مارس 1996.

9-   إلفين توفلر: **صدمة المستقبل**، المتغيرات في عالم الغد، ترجمة على ناصف، (القاهرة: نهضة مصر، ط2، 1990).

10- بسيوني محمد البرادعي: **تنمية مهارات تخطيط الموارد البشرية** (القاهرة: إيتراك للطباعة والنشر والتوزيع، 2005).

11- بوب نيلسون: **1001 طريقة لتحفيز موظفيك** (الرياض: مكتبة جرير، 2000).

12- بيتر ف. دراكر: **تحديات الإدارة في القرن الواحد والعشرين**، ترجمة إبراهيم بن على الملحم، مراجعة مساعد بن عبدالله الفريان (الرياض: معهد الإدارة العامة، 2005).

13- تويلادل: **كيف تحفز موظفيك؟**، ترجمة ريم السالم، مراجعة يوسف محمد القبلان (بيروت: 1995).

14- جاري ديسلر: **إدارة الموارد البشرية**، ترجمة محمد سيد أحمد عبدالمتعال (الرياض: دار المريخ للنشر: 2003)

15- جفري فيفر: **الموارد البشرية كقوة تنافسية**، الشركة العربية للإعلام العلمي، شعاع، خلاصات، السنة 3، العدد 12، القاهرة: يونية 1995.

16- جمال الدين محمد المرسي: **الإدارة الاستراتيجية للوارد البشرية** (الإسكندرية: الدار الجامعية، 2006).

17- جمعية التدريب والتنمية: **مجلة التدريب والتنمية**، أعداد متنوعة: أعوام 2002-2003- 2004-2005-2006.

18- جون آلن: **كيف تنمي قدرتك على تحفيز الآخرين؟** ترجمة سامي تيسير سلمان (الرياض: بيت الأفكار الدولية، 1998).

19- جون ب. كوتر: **قوة للتغيير، الفرق بين القيادة والإدارة**، الشركة العربية للإعلام العلمي «شعاع»، خلاصات، السنة 1، العدد 10، القاهرة: إبريل 1993.

20- جيرالد جرينبرج وروبرت بارون: **إدارة السلوك في المنظمات**، تعريب رفاعي محمد رفاعي وإسماعيل علي بسيوني (الرياض: دار المريخ، 2004)

21- جيمس لوير: **نجاح رغم الضغوط**، الشركة العربية للإعلام العلمي «شعاع»، خلاصات، السنة 5، العدد 17، القاهرة: 1997.

22- جيمس هيجنز: **100 طريقة إبداعية لحل المشكلات الإدارية**، ترجمة بميك (القاهرة مركز الخبرات المهنية للإدارة، 2001).

23- جيم هاريس: **كيف توقع الموظفين في حب شركتك؟**، الشركة العربية للإعلام العلمي «شعاع»، خلاصات، السنة 4، العدد 22، القاهرة: 1996.

24- حسن محمد خير الدين وآخرون: **العلوم السلوكية** (القاهرة: مكتبة عين شمس، 2000).

25- دانيال جولمان: **الذكاء العاطفي**، ترجمة ليلى الجبالي، المجلس الوطني للثقافة والفنون والآداب، سلسلة عالم المعرفة، العدد 262، الكويت: أكتوبر 2000.

26- دونالد هـ ويز: **طرق مبتكرة في حل المشكلات**، ترجمة شويكار زكي (القاهرة: مجموعة النيل العربية، 2000).

27- ديفيد أسبورن: **تدريب الموظفين لرفع كفاءة الأداء**، سلسلة خلاصات، الشركة العربية للإعلام العربي «شعاع»، السنة 6، العدد 14، القاهرة: يوليو 1998.

28- دين سيتزر: **التحفيز الخارق**، الشركة العربية للإعلام العلمي «شعاع»، خلاصات، السنة 4 العدد 2 ا لقاهرة: يناير 1996.

29- راوية حسن: **مدخل استراتيجي لتخطيط وتنمية الموارد البشرية** (الإسكندرية: الدار الجامعية، 2005).

30- روبرت كيلي: **كيف تصبح نجما لامعا في العمل؟** الشركة العربية للإعلام العلمي «شعاع»، خلاصات، السنة 6، العدد 15، القاهرة: أغسطس 1998).

31- سامية فتحي عفيفي: **دراسات في السلوك الإداري** (القاهرة: كلية التجارة، جامعة حلوان، 2004).

32- سلسلة الإدارة المثلى: **تنظيم الوقت، برمجة وأولويات** (بيروت، مكتبة لبنان، 2001).

33- سلسلة الإدارة المثلى: **تنمية مهارات التفويض** (بيروت: مكتبة لبنان، 2001).

34- سلسلة الإدارة المثلى: **الحفز لأداء أمثل** (بيروت: مكتبة لبنان، 2001).

35- سلسلة الإدارة المثلى: **أساليب التوجيه المثلى** (بيروت: مكتبة لبنان، 2002).

36- سلسلة الإدارة المثلى: **إدارة الأفراد** (بيروت: مكتبة لبنان، 2003).

37- سوزان سلفر: **النظام كأفضل ما يكون**، الشركة العربية للإعلام العلمي «شعاع»، خلاصات، السنة 4، العدد 12، القاهرة: يونيو 1996.

38- سيد الهواري: **الإدارة، الأصول والأسس العلمية للقرن 21** (القاهرة: مكتبة عين شمس، ط12، 2000).

39- شركة الراجحي المصرفية للاستثمار: **مجلة الراجحي**، «ماهية هندسة التغيير في المنشآت»، العدد 74 الرياض: مارس 2003.

40- شيخة أحمد: «التعامل الإيجابي مع أخطاء العاملين»، **مجلة الأمن والقانون**، القيادة العامة لشرطة دبي، العدد 401، دبي: يونيه 2008.

41- صلاح الشنواني: **إدارة الأفراد والعلاقات الإنسانية** (الإسكندرية: مؤسسة شباب الجامعة: 1999).

42- ضياء حلمي: «التغير، أدوات تحويل الأفكار إلى نتائج» ، **مجلة التدريب والتنمية**، جمعية التدريب والتنمية، العدد 16، القاهرة: يوليو - سبتمبر 2004.

43- طارق السويدان: **منهجية التغيير في المنظمات** (الرياض: مؤسسة قرطبة للإنتاج الفني: 2001).

44- طارق السويدان محمد العدلوني: **خماسية الولاء** (بيروت: دار ابن حزم، 2003).

45- عبد الرحمن توفيق: **المهارات السبع للنجاح** (القاهرة: مركز الخبرات المهنية للإدارة، 2004).

46- عبد الرحمن توفيق: **الإدارة بالمعرفة** (القاهرة: مركز الخبرات المهنية للإدارة، 2004).

47- عبدالغفار حنفي: **السلوك التنظيمي وإدارة الموارد البشرية** (الإسكندرية: الدار الجامعية، 2007).

48- عبدالفتاح الشريف وأحمد فهمي جلال: **أسس الإدارة** (الجيزة: جامعة القاهرة، 2001).

49- عبدالكريم درويش وليلى تكلا: **الإدارة العامة** (القاهرة: مكتبة الأنجلو المصرية، 1974).

50- عبداللطيف يوسف: **زبدة المفردات للطلاب والطالبات** (بيروت: دار المعرفة، 1998).

51- عصام الدين عبدالجواد: «الحوافز»، **مجلة إدارة الأعمال**، جمعية إدارة الأعمال، جمعية إدارة الأعمال العربية، الجيزة: 2002.

52- عصام الدين محمود العناني: «القيادة الإدارية الفعّالة وفلسفة الإدارة بالمشاركة»، **مجلة الإدارة**، الجهاز المركزي للتنظيم والإدارة، المجلد 28، العدد 2، القاهرة 1995.

53- عطية حسبن أفندي: تمكين العاملين، **مدخل للتحسن والتطوير المستمر** (القاهرة: المنظمة العربية للتنمية الإدارية، 2003).

54- علاء الدين يوسف وآخرون: **قياس رأي المال البشري** (القاهرة: إيتراك للطباعة والنشر والتوزيع، 2005).

55- علوي عبدالله طاهر: **الأنموذج القيادي التربوي الإسلامي** (عمّان، الأردن: دار المسيرة، 2007).

56- على السلمي: **التدريب الإداري** (القاهرة: المنظمة العربية للعلوم الإدارية، 1970).

57- على السلمي: **إدارة الموارد البشرية** (القاهرة: دار غريب للطباعة والنشر والتوزيع، 1998).

58- على السلمي: **السلوك الإنساني** (القاهرة: مكتبة غريب، 1998).

59- على السلمي: **إدارة التميز** (القاهرة: دار غريب، 2002).

60- علي عبد الوهاب وآخرون: **الحوافز في المملكة العربية السعودية** (الرياض: معهد الإدارة العامة، 1975).

61- علي عبد الوهاب وآخرون: **إدارة الموارد البشرية** (القاهرة: كلية التجارة، جامعة عين شمس، 2001).

62- على محمود منصور: **مبادئ الإدارة، أسس ومفاهيم** (القاهرة: مجموعة النيل العربية، 1999).

63- عمرو غنايم: «اكتشاف طرق الحوافز المعنوية للعاملين»، **ندوة الحوافز ودوافع توافرها في بيئة العمل**، وزارة التربية والتعليم، دبي: 1998.

64- فؤاد القاضي: **تنمية المنظمة والتطوير التنظيمي** (القاهرة: دار الصفا للطباعة والنشر، ط3، 1988).

65- فيليب هنسلو: **العلاقات العامة** (القاهرة: دار الفارق للنشر والتوزيع، 2003).

66- كاتلين سانفورد: **الإدارة بالحب**، خلاصات، الشركة العربية للإنتاج الإعلامي «شعاع»، السنة 8، العدد 21، القاهرة 2000.

67- كريس أرديريس: **الفرد والمنظمة**، ترجمة سامي علي الجمال (القاهرة: الهيئة العامة للكتب والأجهزة العلمية، 2000).

68- لي برانهام: **الأسباب السبعة الخفية للاستقالات الوظيفية**، خلاصات، الشركة العربية للإنتاج الإعلامي «شعاع»، السنة 13، العدد 7، القاهرة: أبريل 2005.

69- مات وينستين: **الإدارة المرحة، الضحك في بيئة العمل**، خلاصات، الشركة العربية للإنتاج الإعلامي «شعاع»، السنة 5، العدد 6، القاهرة: مارس 1997.

70- ماجدة سيد متولي وهشام سيد عبدالمجيد: **الإرشاد الاجتماعي** (دبي: دار القلم، 1999).

71- مجلة التدريب والتنمية: «3 أسئلة لمعالجة أخطاء العاملين»، العدد 39، الرياض، ربيع الأول 1423هـ.

72- محمد أحمد هيكل: **مهارات التعامل مع الناس** (القاهرة: مجموعة النيل العربية، 2006).

73- محمد القريوتي: **السلوك التنظيمي** (عمّان، الأردن: دار الشروق للنشر والتوزيع، ط3، 2000).

74- محمد حسن رسمي: **السلوك التنظيمي في الإدارة التربوية** (الإسكندرية: دار الوفاء، 2004).

75- محمد حسنين العجمي: **الإدارة والتخطيط التربوي** (عمّان، الأردن: دار المسيرة، 2008).

76- محمد جمال يونس: «مبادئ الأداء التعليمي لعضو هيئة التدريس الجامعي»، **ورشة تطوير ومهارات التدريس الجامعي**، العين: كلية التربية، جامعة الإمارات العربية المتحدة، العين 4-6 فبراير 1996.

77- محمد خالد الطحان: **مبادئ الصحة النفسية** (دبي: دار القلم، ط3، 1992).

78- محمد عاطف غيث وآخرون: **قاموس علم الاجتماع** (القاهرة: الهيئة المصرية العامة للكتاب، 1979).

79- محمد محمد إبراهيم:**الاتجاهات المعاصرة في منظومة الإدارة** (القاهرة: مكتبة عين شمس، 2005).

80- محمد مرعي مرعي: **التحفيز المعنوي وكيفية تفعيله في القطاع العام الحكومي العربي** (القاهرة: المنظمة العربية للتنمية الإدارية، 2003).

81- محمد مرعي مرعي: **دليل التحفيز في المؤسسات والإدارات** (دمشق: دار الرضا، 2000).

82- محمد نبيل كاظم: **كيف تحدد أهدافك على طريق نجاحك؟** (القاهرة: مكتبة دار السلام، 2006).

83- محمود الزبادي: **أسس علم النفس العام** (القاهرة: مكتبة الأنجلو المصرية، 1980).

84-   محمود السيد أبو النيل: «سيكولوجية التدريب»، **مجلة الأمن والقانون**، كلية شرطة
دبي، المجلد 5، العدد 2، يوليو 1997.

85-   مدحت محمد أبو النصر: «معوقات ومشجعات الابتكار في الوطن العربي»، **مجلة ثقافة
الطفل**، مركز ثقافة الطفل، وزارة الثقافة، المجلد رقم 6، القاهرة، 1991.

86-   مدحت محمد أبو النصر: Towards a Code of Ethics for Social Work Professionals in Egypt،
المجلة الاجتماعية القومية، المركز القومي للبحوث الاجتماعية والجنائية، مجلد 30، عدد
1، الجيزة: يناير 1993.

87-   مدحت محمد أبو النصر: «فن إقناع الآخرين»، **مجلة الإدارة**، الجهاز المركزي للتنظيم
والإدارة، المجلد 25، العدد 4، القاهرة: إبريل 1993.

88-   مدحت محمد أبو النصر: **الرعاية الاجتماعية في الإمارات** (العين: مكتبة الفلاح: 1993).

89-   مدحت محمد أبو النصر: «العوامل الرئيسية المؤثرة في تعظيم عائد التدريب أثناء الخدمة
في المهن المساعدة»، **مؤتمر التدريب ... المستقبل**، هيئة التعليم التطبيقي، الكويت،
أكتوبر 1993.

90-   مدحت محمد أبو النصر: «المعلومات ونظم المعلومات في الإمارات العربية المتحدة -
الواقع والطموح»، **المؤتمر الدولي دور الحاسوب في التعليم**، كلية العلوم الإدارية
والاقتصادية، جامعة الإمارات العربية المتحدة، العين: 25-26 أكتوبر 1995.

91-   مدحت محمد أبو النصر: «ترشيد العملية التدريبية»، **مجلة الإدارة**، الجهاز المركزي
للتنظيم والإدارة، المجلد 28، العدد 2، القاهرة: أكتوبر 1995.

92- مدحت محمد أبو النصر: «وقاية الشباب من المشكلات»، **ندوة مشكلات الشباب،** جمعية الاجتماعيين، الشارقة: 8 أبريل 1996.

93- مدحت محمد أبو النصر: «العوامل الرئيسية المؤثرة في تعظيم عائد التدريب أثناء الخدمة في المهن المساعدة»، **مؤتمر قياس التكلفة والعائد،** جمعية إدارة الأعمال العربية، القاهرة: 12-13 أكتوبر 1991.

94- مدحت محمد أبو النصر: **الخدمة الاجتماعية الوقائية** (دبي: دار القلم، 1996).

95- مدحت محمد أبو النصر: «رصد مشكلات التدريب كمدخل لتطويره»، **مجلة الإدارة،** الجهاز المركزي للتنظيم والإدارة، المجلد 30، العدد 2، القاهرة: أكتوبر 1997.

96- مدحت محمد أبو النصر: «رصد مشكلات التدريب كمدخل لتطويره»، **مجلة الإدارة،** الجهاز المركزي للتنظيم والإدارة، المجلد 30، العدد 3، القاهرة: يناير 1998.

97- مدحت محمد أبو النصر: «صفات وأخلاقيات ومهارات الباحث العلمي»، **مجلة الفكر الشرطي،** مركز البحث والدراسات، القيادة العامة لشرطة الشارقة، المجلد 7، العدد 4، الشارقة، يناير 1999.

98- مدحت محمد أبو النصر: «الجوانب الاجتماعية والنفسية والسلوكية في تدريب رجل الشرطة في ضوء تحديات القرن الحادي والعشرين»، **مجلة الفكر الشرطي،** شرطة الشارقة، المجلد 10، العدد 37، الشارقة: 2001.

99- مدحت محمد أبو النصر: **أكتشف شخصيتك وتعرف على مهاراتك في الحياة والعمل** (القاهرة: إيتراك للطباعة والتوزيع والنشر، 2002).

100- مدحت محمد أبو النصر: «التأمينات الاجتماعية كأحد مداخل الرعاية الاجتماعية في مصر»، **ندوة دور قطاع التأمين في التنمية الاقتصادية**، كلية التجارة، جامعة حلوان، القاهرة: 11 مارس 2003.

101- مدحت محمد أبو النصر: **تنمية القدرات الابتكارية** (القاهرة: مجموعة النيل العربية، 2004).

102- مدحت محمد أبو النصر: **بناء وإدارة فريق العمل** (القاهرة: بمبك، 2004).

103- مدحت محمد أبو النصر: **فريق العمل في مجال رعاية وتأهيل ذوي الاحتياجات الخاصة** (القاهرة: مجموعة النيل العربية، 2004).

104- مدحت محمد أبو النصر ورشاد أحمد عبداللطيف وآخرون: Team Work Introduction to Social Work (القاهرة: كلية الخدمة الاجتماعية، جامعة حلوان، ط2، 2004.

105- مدحت محمد أبو النصر: **إدارة الجمعيات الأهلية** (القاهرة: مجموعة النيل العربية، 2004).

106- مدحت محمد أبو النصر: **قواعد ومراحل البحث العلمي** (القاهرة: مجموعة النيل العربية، 2004).

107- مدحت محمد أبو النصر: **بناء وتدعيم الولاء المؤسسي لدى العاملين بالمنظمة** (القاهرة: إيتراك للطباعة والنشر، 2004).

108- مدحت محمد أبو النصر: **رعاية أصحاب القدرات الخاصة** (القاهرة: مجموعة النيل العربية، 2005).

109- مدحت محمد أبو النصر: **الإعاقة العقلية** (القاهرة: مجموعة النيل العربية، 2005).

110- مدحت محمد أبو النصر: **الإعاقة النفسية** (القاهرة: مجموعة النيل العربية، 2005).

111- مدحت محمد أبو النصر: «قراءات في التطوير الذاتي»، **مجلة التدريب والتقنية**، المؤسسة العامة للتعليم الفني والتدريب المهني، العدد 18، الرياض: أكتوبر 2005.

112- مدحت محمد أبو النصر: «جودة الخدمات الصحية المقدمة للمجتمع»، **مجلة السكان والصحة الإنجابية**، وزارة الصحة، العدد 14، يناير 2006.

113- مدحت محمد أبو النصر: «بناء ونمو وإدارة فريق العمل»، **مجلة دراسات في الخدمة الاجتماعية والعلوم الإنسانية**، كلية الخدمة الاجتماعية، جامعة حلوان، العدد 18، القاهرة: أبريل 2005.

114- مدحت محمد أبو النصر: **لغة الجسم** (القاهرة: مجموعة النيل العربية، 2006) .

115- مدحت محمد أبو النصر: **إدارة اجتماعات العمل بنجاح** (القاهرة: مجموعة النيل العربية، 2006) .

116- مدحت محمد أبو النصر: **البرنامج التدريبي تحديد الاحتياجات التدريبية** (القاهرة: الخبراء العرب في الهندسة والإدارة، 2006).

117- مدحت محمد أبو النصر: **إدارة منظمات المجتمع المدني** (القاهرة: إيتراك للطباعة والتوزيع والنشر، 2006).

118- مدحت محمد أبو النصر: **البرنامج التدريبي أخلاقيات وقيم العمل** (القاهرة: جيتراك للتدريب والاستشارات، 2006).

119- مدحت محمد أبو النصر: **الإدارة بالحب والمرح** (القاهرة: إيتراك للطباعة والنشر والتوزيع، 2007).

120- مدحت محمد أبو النصر: **مفهوم ومراحل وأخلاقيات مهنة التدريب في المنظمات العربية** (القاهرة: إيتراك للطباعة والتوزيع والنشر، 2007).

121- مدحت محمد أبو النصر: «جودة الخدمات الاجتماعية»، **مجلة الخدمة الاجتماعية**، كلية الخدمة الاجتماعية، جامعة حلوان، القاهرة: يناير 2007.

122- مدحت محمد أبو النصر: **مهارات الاتصال الفعّال** (القاهرة: المجموعة العربية للتدريب والنشر، 2008).

123- مدحت محمد أبو النصر: **فرق العمل الناجحة** (القاهرة: المجموعة العربية للتدريب والنشر، 2008).

124- مدحت محمد أبو النصر: **اعرف نفسك واكتشف شخصيتك** (القاهرة: المجموعة العربية للتدريب والنشر، 2008).

125- مدحت محمد أبو النصر: **الأداء الإداري المتميز** (القاهرة: مجموعة النيل العربية، 2008).

126- مدحت محمد أبو النصر: **إدارة وتنظيم الاجتماعات** (القاهرة: مجموعة النيل العربية، 2008).

127- مدحت محمد أبو النصر: **استراتيجية العقل** (القاهرة: الدار الأكاديمية للعلوم، 2009).

128- مدحت محمد أبو النصر: **قادة المستقبل** (القاهرة: المجموعة العربية للتدريب والنشر، 2009).

129- مدحت محمد أبو النصر: **التخطيط للمستقبل في المنظمات الذكية** (القاهرة: المجموعة العربية للتدريب والنشر، 2009).

130- مدحت محمد أبو النصر: **مقومات التخطيط الاستراتيجي المتميز** (القاهرة: المجموعة العربية للتدريب والنشر، 2009).

131- مدحت محمد أبو النصر: **مهارات المدرب المتميز** (القاهرة: المجموعة العربية للتدريب والنشر، 2009).

132- منير البعلبكي: **المورد/قاموس انجليزي/ عربي** (بيروت دار العلم للملايين، 2008).

133- مهدي حسن: **إدارة الموارد البشرية** (القاهرة: دار الفكر للطباعة والنشر والتوزيع، 2001).

134- ميشيل مان: **موسوعة العلوم الاجتماعية**، ترجمة عادل مختار الهواري وسعد عبدالعزيز مصلوح (الكويت: مكتبة الفلاح، 1994).

135- ناصر محمد العديلي: «الدوافع والحوافز والرضا الوظيفي في الأجهزة الحكومية في السعودية»، **مجلة الإدارة**، معهد الإدارة العامة، العدد 46، الرياضي، 1983.

136- نبيل عشوش: **السلوك الإنساني والتنظيمي في الإدارة** (الجيزة: أكاديمية الفراعنة، 2006).

137- نجيب اسكندر: **الحوافز**، سلسلة دراسات المعهد القومي للإدارة العليا، عدد 40، القاهرة 1970.

138- هيثم العاني: **الإدارة بالحافز، التحفيز والمكافآت** (عمّان، الأردن: كنوز المعرفة، 2007).

ثالثا: المراجع الأجنبية

1- Alfred Kadusin: **Supervision In Social Work** (N.Y.: Columbia University Press, 1976)

2- Alvin Toffler: **Future Shock** (London: kegan Paul, 1977).

3- Andrew Dubrin : **Applying Psychology: Individual and Organizational Effectiveness** (U.S.A. : Prentice Hall, 3rd ed., 2002).

4- Arthur Van Gundy: Allen Pincus & Anne Minahan: **Social Work Practice, Model and Method. (Il linois F.E. Peacock Publishers**, 1976). (N.Y. : Quorum, 1978).

5- Aubrey C. Daniels : **Brining out the Best in People** (California: Mr. Graw Hill, 2002).

6- Brandon toropov : **The Art & Skill of Dealing with People** (N.Y.: Hardcover, 2005).

7- Bruce Brok : **Quality Management** (N.Y.: Irwin Publishers, 1992).

8- Cambridge International College: **Training Manual on Human Resource *I* Personnel Management** (Jersey: College House, 2006).

9- Charles hampden : **Corporate Culture** (London: The Economists Books Limited limited, 1990).

10- Charles Zastrow : **Introduction to Social Work and Social Welfare** (Belmont: Brooks Cole Wads worth Publishing Co., 7th ed., 2000).

11- Chopman & Hall: **Total Quality Management** (U.K.: Prentice Hall, 2000).

12- Colin Coulson Thomas: **The Future of the Organization** (London: Kogan Page Ltd., 1997).

13- Dale Y oder : **Personnel Management and Industrial Relations** (London: Sir Isaac Pitman & Sons Ltd., 1962).

14- Dean R. Spitzer: **Super Motivation** (N.Y.: AMACOM, 1995).

15- Donald H. Weiss: **Creative Problem Solving** (N.Y.: AMACOM, 1988).

16- Ferdinand F. Fournies: **Coaching** (N.Y.: Mc Graw - Hill, 2000).

17- Flippo & G. Musingers: **Management** (Boston: Allyin & Bacon, 4th ed., 2003).

18- F.M. Lwenberg : **Fundamentals of Social Intervention** (N.Y.: Columbia University Press, 2nd ed., 1983).

19- Francis Fukuyama: **Trust** (N.Y.: The Free Press, 1995).

20- Frank Sonnenberg: **Managing with Conscience** (N.Y.: Mc Graw Hill Co., 1998).

21- Frederick F. Reichheld: **The loyalty Effect: The Hidden Force Behind Growth** (U.S.A.: Harverd Business School Press, 1996).

22- F. Richard: **Beynd Customer Service** (California: Crisp Publication, 1992).

23- G. Abramson : **Knowledge Management** (N.Y.: 1999).

24- Gray Dessler: **Human Resources Management** (Virginia: Reston Publishing Co. 1989) & (N.J. : Prentice Hall Int., Inc., 7th ed. 1997).

25- Gary Hamel: **Leading the Revolution** (Boston: Harvard Business School Press, 2000).

26- G. Corey: **Theory and Practice of Counseling and Psycho-Therapy** (California: Cole Publishing Co., 1992).

27- Georgy Halsey: **Supervision People** (N.Y.: Harper & Brothers Publishers, 1983).

28- Georgy Thorman : **Guide to Cynical Social Work** (Spring Field, Illinois: Charles C. Thomas Publishers, 1981).

29- Harld Koontz & Rein Weihrich: **Essentials of Management** (U.S.A. Mc Graw Hill, 1990).

30- Henri Fayol : **Industrial and General Administration**, Trans. J.A. Coubrough (Geneva: International Management Institute, 1930).

31- Herbert Chruden & Sherman Arthus : **Personnel Management** (Chicago: South Western Publishing CO., 1963).

32- Hold David: **Management Principles and Practice** (N.J.: Prentice Holt, 1993).

33- James Belasco : **Teaching The Elephant to Dance Empowering Change in your Organization** (N.Y.: Crown Publishers, Inc., 1990).

34- Jane Weightman: **Introducing Organizational Behavior** (London: Addision Wesley Longman Ltd., 1999).

35- J. Debra : **Customer Service Excellence** (U.S.A. : American Media, 1994).

36- Jeffrey Pfeffer : **Competitive Advantage Through People** (Boston, MA: Harvard Business School Press, 1994).

37- Jerald Greenberg & Robert A. Baron: **Behavior in Organizations** (N.J. : Prentice Hall, 2002).

38- Jeremy Hope & Hope : **Cometing in the Future the Ten key Management Issues and The Information Age** (Boston : Harvard Business School 1997).

39- Jim Collins : **Good to Great Why Some Companies Make the Leap ... and Others Don't** (N.Y.: HarperCollins, 2001).

40- Jim Harris : **Getting Employees to Fall in Love with Your Company** (N.Y.: AMACOM, 1996).

41- J. Kelley : **Total Quality Management** (NJ.: Alexander hamilton Institute, 1994).

42- J. M. Juran : **Juran on quality By Design** (N.Y.: Free Press, 1992).

43- Joan W. Qtkinson: **An Introduction to Motivation** (N.J. : Prentice Hall, 1964)

44- John Bratton & Jeffrey Gold : **Human Resources Management, Theory & Practice** (London: Pal grave & Macmilla, 3rd ed., 2003).

45- J. Newstrom & K. Davis: **Organizational Behavior, Human Behavior at Work** (N.Y.: Mc Graw - Hill, 1993).

46- John Bank: **The Essence of Totla Quality Management** (N.Y.: Prentice - Hall, 1992) .

47- John Case: Open Book Management (D.S.A. : 1995).

48- John Kelly : **Total Quality Management, a Program for the High Performance Business** (NJ.: Alexander Hamilton Institute, 1993).

49- John P. Kotter: **A Force for Change** (N.Y. : The Free Press, 1990).

50- John P. Kotter: **Leading Change** (Boston: Harvard Business School Press, 1996)

51- John P. Schuster : **The Opern Book Management** (N.Y.: John Wiley, 1998).

52- Joseph M. Juran :**Juran on Quality by Design** (N.Y.: The Free Press, 1992).

53- Kathlean Sanford: **Leading with love** (Francisco: Vashon Press, 1999).

54- Kenneth A. Kovach: **Strategic Human Resources Management** (Maryland: University Press of America, 1996).

55- K. Wilig: **Knowledge Management Foundations** (Texcas: Schema Press, 1993).

56- Landy Frank & Trumbo Don: **Psychoogy of Work Behaviour** (Cllinois. The Dorsey Press. 1980).

57- Lee Richardson (edr.): **Dimensions of Communication** (N.Y.: Meredith Coropration, 4th ed., 2000)

58- Leigh Branham : The 7 Hidden Reasons Employees Leave (N.Y.: AMACOM, 2005).

59- Matt Weinstein : **Management to. Have Fun** (N.Y.: Simon & Schuster, 1995).

60- Mc Shane Steven: **Organizational Behavior** (N.Y.: Mc Graw - Hill, 1998)

61- Mejia Gomez & et. al.: **Managing Human Resources** (NJ.: Prentice Hall, 3rd ed., 2003).

62- Mel Silberman & Karen Lawson: **101 Ways to Make Training Active** (N.Y.: Pfeiffer & Co., 1995).

63- Mesho Morishima : **Why Has Jaban Succeeded?** (Cambridge: University Press, 1982).

64- Michael Armstrong: **A Handbook of Human Resource Management Practice** (London: Kogam Page, 9th. Ed., 2003) & (10th ed.,2006).

65- Michael Mann: **Encyclopedia of The Social Sciences** (London: London School of Economics, 1994).

66- Mike Shea: **Motivation V Incentives**, CCG Group, Info@ccg-Solutions. Co.UK.

67- M.R. Hackman : **Groups that Work Creating Conditions for Effective Teamwork** (San Francisco: Josscy - Bass, 1990).

68- M. Richards : Setting Strategic Goals and Objectives (St. Paul, Minn.: West Publishing, 1986).

69- Oxford Dictionary (Oxford: Oxford University Press, 2008) .

70- Prince, G.M.: The Practice of Creativity (N.Y.: Harper publishers, 1970).

71- Ralph Stair: Principles of Information Systems, A Managerial Approach (Boston: Boyd & Fraser, 2000).

72- Richard Cockman: **Employees Benefits for Managers and Executives** (N.Y.: Gower Publishing Co. Ltd., 1982)

73- R. I. Kherde & B. N. Sahary: **Role Performance** (New Delhi: Saraswati Press, 1981)

74- Robert C. Appleby: **Administration** (London: Pitman, 6th ed., 1994).

75- Robert E. Kelley: **How to Be a Star at Work** (N.Y.: Times Business, 1998).

76- Robert H. Rosn & Paul 8. Brown: **leading People, The eight Proven Principles for Success in Business** (U.S.A.: Penguin group Inc., 2nd ed.,2000).

77- Robert L. !3arker: The Social Work Dictionary (Washington, DC: NASW Press, 4th ed., 1999).

78- Robert Tannenbaum & Warren H. Schmidt: "How to Choose a Leadership Pattern", **Harvard Business Review**, Vol. 51, No.2 May-June 1973.

79- Roy Mclennan : **Managing Organizational Change** (N.Y.: Prentice Hall, International Inc., 1989).

80- S. Daya R. Pedro: "The Proative Model of Counselling", **International Journal for Advancement**, Vol. 81, No.1, 1995

81- Simon Majaro: **The Creative Gap** (U.K.: Longman, 1988).

82- S. Robbins : **Organizational Behavior** (N. Y.: Prentice Hall, 1998).

83- Sters Richard M.: **Introduction to Organization Behavior** (N.Y.: Harper Colins Publishers, 4th ed., 1991).

84- Susan Sliver: **Organized To Be The Best** (Los Angeless: Adams Hall Publishing, 1994).

85- Thomas J. Mc Copy: **Greating an Open Book Organization** (N.Y.: AMACOM, 1996).

86- Thomas S. Batemen & Carl P. Zeithaml : **Management** (Boston: IRWIN, 1990).

87- Twyla Dell: **How to Motivate People** (London: Kogan Page, 1991).

88- Waiter Soctt & et. al: **Personnel Management** (N.Y.: McGrow - Hill Book Co., 1961).

89- Webester's **New World Dictionary** (N.Y.: Wames Books, Inc., 2008)

90- Wemer severin & James Tankard: **Communication Theories** (N.Y.: Longman, 4th ed., 2003).

91- W.L. Porter & E. E. Lawler: **Managerial attitudes and Performance** (Homewood Ill: Richard D. Irwin, 1968).

92- W. T. Singleton (edr.) **Social Skills Lancaster**: MTP Press Ltd., 1983).

93- Y.A. El Ezabi & et. al.: **English Arabic Reader's Dictionary** (Oxford: Oxford University Press, 2007)

94- Zaltman & Duncan: **Social Change** (N.Y.: The Free Press, 2002).

Printed in the United States
By Bookmasters